Langue étrangère

Maguelone Aribaud

Langue étrangère

Récit

.

En application de l'art. L.137-2.-I. du code de la propriété intellectuelle, toute reproduction et/ou divulgation de parties de l'oeuvre dépassant le volume prévu par la loi est expressément interdite.

© Maguelone Aribaud, 2024

Couverture : Elodie Maillard @*couleurs_and_the_gang*

Édition : BoD · Books on Demand GmbH, In de Tarpen 42, 22848 Norderstedt (Allemagne)
Impression : Libri Plureos GmbH, Friedensallee 273, 22763 Hambourg (Allemagne)

Impression à la demande
Commande en librairies, librairies en ligne ou sur bod.fr
ISBN : 978-2-3224-7875-0
Dépôt légal : décembre 2024

Au crabe qui n'a pas gagné.

Octobre

Demain Candice aura quatorze ans.

Elle aimerait une tarte au citron. Simple, pas meringuée. En rentrant ne pas oublier de m'arrêter aux halles acheter des citrons bio. Penser à sortir le beurre demain matin. Pâte à la main ou au robot ? Service jaune Digoin ou le vert Compiègne ? Ça dépend un peu des serviettes, comme toujours je choisis le service en fonction des serviettes et ça m'énerve un peu le pouvoir qu'ont les serviettes sur le reste de la mise de table.

Aujourd'hui à quinze heures dix-huit je relance la clinique pour avoir les résultats de la biopsie. Je me dis tiens c'est pas mal le milieu d'après-midi pour relancer la clinique, surtout que je sais maintenant que je sortirai le service jaune et que je ferai la pâte au robot.

Le Docteur va vous rappeler rapidement, voilà ce que me répond la secrétaire du service stomatologie.

Il me rappelle dans la foulée. Il est quinze heures vingt-neuf.

Il parle rapidement. Il aurait dû me recevoir pour m'annoncer les résultats mais il part demain à Cannes pour un colloque. Il s'excuse. Et il déroule.

La biopsie a révélé des cellules cancéreuses dans la bouche, sur le côté de la langue, au fond, là où ce n'est pas bien accessible. Il dit que ce n'est pas pré-cancéreux mais cancéreux tout court, qu'il ne faut pas perdre de temps, il prononce le mot malin, et dans la précipitation je perds le fil et je ne sais plus durant un court instant lequel est grave, bénin ou malin, malin ou bénin. Il me dit je suis désolé.

Un bruit sourd gronde dans mes oreilles, un obus vient de me défoncer les tympans.

Mon corps est figé en apesanteur, les mains en suspension au-dessus de mon clavier, mon bureau a une fenêtre vitrée devant laquelle on passe et on repasse, je suis celle qui rit, je suis celle qui reçoit au moment du thé, je ne peux pas m'écrouler, je gonfle le buste tout en grand et déploie ma colonne en inspirant, ce n'est pas le moment de lâcher.

Pas pleurer.

Sur le compte rendu de la biopsie que le Docteur Rivière me transfèrera plus tard je lis ces six mots qui tournent en boucle comme un refrain lancinant : CARCINOME EPIDERMOIDE BIEN DIFFERENCIE MATURE INFILTRANT.

Pas bénin, malin.

Au niveau de la langue.

Pas le sein, pas la rate, pas le poumon, la langue.

La langue qui sert à mastiquer, à déglutir et à parler.

Ce mardi onze octobre à quinze heures vingt-neuf ma vie a traversé la route brusquement pour changer de trottoir, sans prévenir.

Je ne dois pas m'effondrer.

Demain Candice aura quatorze ans.

Mes larmes coulent toutes seules dans le bureau du Docteur Rivière. D'habitude elles ne sortent jamais.

Après m'être contenue au bureau, après m'être contenue devant les filles, je craque. J'ai tenu jusque-là.

Le Docteur Rivière s'appelle Philippe. Il ne parle pas beaucoup, il est même un peu froid, il me faisait peur au début parce que c'est un taiseux et comme je parle beaucoup je ne sais pas comment faire avec ceux qui se taisent. Il garde la distance, il se protège, il a raison.

Il est tard, il est en face de moi et cette fois il parle beaucoup. Ce que je risque, la course contre la montre qui va débuter, l'IRM, le scanner, la prise de sang, on y va.

Je me demande souvent ce qu'il m'aurait dit en juin dernier si c'est devant lui que j'avais ouvert la bouche en grand pour montrer ces boutons qui commençaient à tapisser le côté droit de ma langue. Il n'était pas disponible, j'étais pressée, je n'ai pas voulu attendre, c'est toujours la course en juin, on va au plus vite et on ne va pas voir les bonnes personnes.

J'ai vu un autre médecin que je ne connaissais pas, un jeune médecin qui m'a dit sans hésiter : c'est une aphtose. Vous êtes fatiguée, ne réfléchissez pas, ce sont des aphtes, ce n'est pas anormal d'attraper des aphtes quand le système immunitaire baisse la garde. Je n'en avais jamais eus auparavant. Ça se tient, j'étais fatiguée en juin.

En l'écoutant parler, je sais que le Docteur Rivière n'aurait pas affirmé avec certitude en dix-huit secondes : ce sont des aphtes. Il ne m'aurait pas non plus conseillé de faire tout l'été des bains de bouche au bicarbonate de sodium dilué. Il m'aurait alerté comme le Docteur Vergé croisé en fin d'été pour un simple détartrage. Comme le Docteur Vergé il aurait ausculté ces points blancs de plus près, il m'aurait dit c'est suspect on va chercher, oh oh oh, ce n'est pas beau, je vous envoie illico chez un stomato.

On n'a pas cherché, j'ai perdu trois mois.

Maintenant on va courir.

Je ne le voyais plus la nuit depuis trois semaines.

Les nuits sont douces en cette mi-octobre, il part rôder après le dîner, il affronte le noir et ses fantômes, il travaille de nuit et rêve le jour.

Je le retrouve au petit matin, j'entends le cliquetis de la chatière s'ouvrir, il approche, même en dormant je reconnais sa démarche de velours, il est rentré me voilà rassurée, il se fiche bien de m'avoir causé du tracas, il s'installe sur le lit à ma droite, toujours au même endroit près de mes pieds, il prend le temps de lustrer les chaussettes blanches qu'il porte aux pattes avant de se lover contre moi comme un escargot qui n'a pas chaud.

Il ne bouge pas quand je me lève. Ce n'est pas son heure, il est en plein rêve, je me garde bien de le bousculer, il ne faut jamais réveiller un chat qui dort.

Ce soir il ne s'est pas mis à mes pieds comme il en a l'habitude.

Il est venu se coller contre ma cuisse, il ne m'a pas lâchée de la nuit, il n'est pas sorti, il m'a veillée comme un sphynx, il m'a envoyé sans discontinuer la chaleur de son petit corps bienveillant.

Il est revenu la nuit suivante et aussi la nuit d'après. Trois soirs de suite collé serré. De l'attention au poil. Il a tout senti mon Peaky, le dixième sens des chats.

Ce soir-là j'ai compris qu'il serait, avec mon blender à smoothie, mon plus fidèle allié.

J'ai quarante-huit ans.

Je suis du sud.

Je parle beaucoup, avec la bouche, avec les mains.

Je parle fort aussi, je parle vite.

Je parle toutes les langues du corps.

Je grince des dents quand les choses m'agacent, je fais faire du rocking-chair à mon pied droit quand j'ai les jambes croisées, même quand je suis calme, j'aime quand les choses vont vite, la lenteur me fige, c'est comme ça, je n'y peux rien.

Je suis une méridionale et une commerciale.

Mon métier, c'est de parler.

Je travaille à la radio. Le média de la voix.

Je ne parle pas dans un micro, je parle à mes clients, ça revient au même.

Je parle, j'explique, j'argumente, je défends, je convaincs mes prospects, je papote avec mes clients, je parle cible, stratégie, zone de couverture, publicité, parrainage, podcast, interstitiel, display, et j'écris des textes aussi.

J'adore écrire les textes.

Caroline m'engueule souvent sur le temps que ça prend d'écrire des textes, que ce n'est pas à moi de le faire mais une campagne réussie passe aussi par un texte bien écrit, alors je ne peux pas m'empêcher de déplacer une virgule pour mieux rythmer un propos ou d'utiliser l'impératif pour gagner trois mots, l'écriture radio c'est serré, soixante mots pour un vingt secondes, quatre-vingt-dix pour un trente, alors je taille dans le lard, je retire le superflu et je frétille quand je fais rentrer l'impossible en quinze secondes.

Je parle et j'écris.

La vie a visé la langue. Le muscle de l'amour.

La langue qui sert à rouler des pelles, à embrasser l'autre langoureusement, à goûter la peau d'autrui, à guider le désir.

La langue.

L'amour est déjà suffisamment compliqué avec une langue saine, à quoi m'attendre avec une langue cabossée, qui voudra m'embrasser à nouveau après ça ?

Passez votre chemin, je renonce.

S'il te plait regarde-moi.

Toi la petite brune hyper active, toi qui as deux canapés mais ne t'y poses jamais, toi qui bosses sans compter, toi qui gères tes ados avec cœur en essayant de varier les repas et les ouvrir à la vie, toi qui gères un club de gym et deux-cent-cinquante adhérents parce que l'engagement c'est important, toi qui veilles sur tes parents de quatre-vingt-sept ans, toi qui achètes des livres et en fait des piles au pied de ton lit parce que posséder un livre, c'est déjà un peu l'ouvrir, toi qui aimes rayer les lignes sur tes to-do list, toi qui ne t'arrêtes jamais sauf sur un malentendu, je t'avais prévenue. Je t'avais mise en garde.

J'y ai cru pourtant, un court instant, quand tu me confiais ton envie de plus en plus urgente voire vitale de t'isoler, de te couper des autres, de te mettre en retrait, mais voilà tu n'as rien changé, tu as continué comme avant, abîmant tes ailes à force de courir, sans profiter vraiment.

Alors voilà, puisque tu n'y arrives pas toute seule, moi je vais t'aider.

Je te prends par le col, je te colle une bonne grosse tuile et je te mets à l'arrêt.

Je ne vais pas te prendre un sein, ni un poumon, ni l'utérus, je vais te prendre la langue, je vais te voler la parole, je vais te priver de toute interaction primaire avec l'autre, je vais te condamner à l'introspection et tu n'auras pas d'autre choix que de contempler.

Signé La Vie.

La Vie vient de sortir sa carte Ironie.

Je sors de la clinique en tenant l'enveloppe cachetée renfermant les résultats du scanner injecté. Elle pèse une tonne, je tiens un parpaing entre les mains.

Je traverse le parking en courant, dehors c'est le déluge, je n'ai pas de parapluie, je me réfugie dans la voiture, me recoiffe et sèche grossièrement l'enveloppe serrée contre mon cœur.

Je ne veux pas l'ouvrir.

J'attends encore un peu.

Je repousse le moment de l'ouvrir, assise dans ma voiture sous une pluie battante, parce qu'une simple conclusion en bas d'un rapport médical peut modifier le cours d'une vie.

J'ouvre l'enveloppe, enfin.

Je survole les commentaires détaillés en message codé de médecin, je n'y comprends rien, je vais directement à la conclusion.

Absence d'anomalie suspecte décelable, notamment sans lésion secondaire intracrânienne ni adénomégalie.

Je relis. Je vais chercher la signification du mot adénomégalie, c'est la première fois que je le croise lui, je relis encore pour être sûre et je reste absente un long moment, la tête posée sur l'appui-tête, sur mes genoux l'enveloppe décachetée devenue toute légère, enfermée dans ma voiture sous la pluie.

Seule la langue est touchée.

Je pense aux filles, je souris.

Ce soir je leur parle. J'ai le ventre en compote. Je leur parle beaucoup, elles ont l'habitude, parfois elles sont gênées, elles me le font savoir en levant au ciel leurs grands yeux bleus.

J'ai préparé mon annonce comme pour un oral de français. Je ne dois pas être lourde. Je ne dois pas être alarmante. Je dois être factuelle. Comme un journaliste. M'en tenir aux faits, dire ce que je sais, dire ce que je ne sais pas. Que ça va aller, forcément ça va aller.

On est mardi, le soir sans activités, c'est maintenant qu'il faut parler, vas-y, appelle-les, les filles il faut que je vous parle.

On s'installe sur les tabourets hauts autour de l'îlot de la cuisine. Peaky n'est pas là, il ne veut pas entendre, il sait déjà.

Le cancer, les cellules en colère, la chirurgie, la chimio peut-être, les rayons peut-être, l'après, la rééducation, l'orthophoniste, la déglutition, la parole, la mastication et la vie qui continue bien entendu.

A plusieurs reprises elle se regardent, c'est bref à chaque fois, elles cherchent un brin d'émotion chez l'autre les autorisant peut-être à flancher. Puis Amicie se met à pleurer alors Candice pleure aussi, doucement, tout est doux, ce n'est pas triste, c'est doux, alors on se prend dans les bras elles et moi, on se serre comme des pandas.

C'est alors qu'Amicie me demande si je vais devoir apprendre la langue des signes. Je réalise que c'est certainement la question la plus pertinente du monde.

Je marche à vive allure le long du canal, je n'ai pas à réfléchir au chemin à emprunter, je trace tout droit, je tente de repousser les mauvaises pensées qui cherchent à m'encercler et à me tirer dans la noirceur, les mauvaises pensées qui débutent par des et si, et si je ne pouvais plus parler à nouveau, et si je ne pouvais plus manger normalement, et si je perdais le goût, et si tout changeait.

Pour me rassurer, je me lance dans le jeu du pire. Comme une enfant. Comme à la récré.

Qu'est-ce qui est le pire ?

Perdre la parole ? Perdre la vue ? Perdre l'ouïe ? Perdre la face ?

C'est à toi Claire que je pense au moment d'entamer ce jeu idiot, à toi qui vas bientôt devenir aveugle, à toi qui t'enivres de voyages tant que tu peux encore distinguer quelque chose, tu es la plus forte des filles qui vont bientôt perdre la vue, la plus courageuse de celles qui vont bientôt voir leur vie chamboulée, avançant à tâtons sans te plaindre jamais.

Et moi je suis là à m'inquiéter pour une langue qui au pire me fera taire, est-ce si grave si je ne peux plus en placer une, non ce n'est pas si grave, j'écrirai, voilà j'écrirai, je me perdrai dans les mots et on se retrouvera toi et moi pour boire le thé, on sera bien là toutes les deux, l'une qui ne verra pas sa tasse et l'autre qui ne pourra même pas lui dire où elle est.

Dans cette famille on parle beaucoup.

Les femmes surtout.

Mon père ne peut pas en placer une, alors il se tait.

Moi aussi je vais peut-être devoir me taire.

On pourra se taire à deux avec mon père.

Tout au long des pages, elle se tait. Elle n'est que silence. Le Silence de la Mer. Elle l'écoute les yeux baissés, penchée sur son ouvrage.

Werner von Ebrennac. Il parle et elle se tait. Elle a choisi de ne pas le regarder, de ne pas le considérer, elle a choisi la voix du silence. Pourtant, elle a toute sa langue.

Elle pourrait lui dire furieusement vous n'avez rien à faire ici debout dans mon salon, je me moque de votre amour pour la France et de votre maîtrise de notre langue, dégagez, je hais vos bottes allemandes qui résonnent chaque soir dans l'escalier.

Rien ne l'empêche de parler et pourtant elle choisit le silence. Un silence qui semble hurler. Qu'entend-il d'elle dans ses silences ? Et elle, l'entend-elle différemment parce qu'elle se tait ? Comment les mots circulent quand ils ne vont que dans un sens ?

Et moi ? Comment ferai-je demain pour gérer un silence qui peut m'être imposé ? Choisirai-je de me taire en gardant les yeux à terre ? Choisirai-je de répondre avec ce qu'il me reste, avec les yeux, avec les mains, avec les mots ?

C'est sur le fil qu'elle décide de dire enfin un mot, à la toute dernière page, un tout petit mot en cinq lettres renfermant un océan de paroles.

Elle finit par briser le silence.

Moi je ne sais pas encore si je le pourrai.

Je porte les deux paquets de croquettes spécial chat stérilisé dans les bras, j'ai raté le rayon des piles, je reviens sur mes pas, je traverse le rayon des fournitures scolaires et je tombe sur elle.

Elle est là devant moi. Elle m'attendait.

Je viens d'acheter une ardoise Veleda.

Je l'ai prise verte, couleur de l'espoir. J'ai pris aussi les feutres qui vont avec, les plus fins, pour pouvoir écrire en tout petit le plus de mots possibles.

J'y écrirai la nuit les pires injures de la Terre, celles qui ne sortent pas par la bouche, je les écrirai dans la pénombre en me cachant pour déverser ma haine puis je les effacerai au petit matin avec la manche de mon pyjama, quand la vie reprend son cours et que l'éducation s'impose à nouveau.

Ma mère Geneviève n'a jamais eu une jolie écriture, indéchiffrable, fantasque et ronde comme les contours des peintures de Botero. Elle pourrait se contenter de passer son temps à converser, art qu'elle maîtrise avec une grande habileté, mais je l'ai toujours vue écrire. Des cartes de vœux, des cartes d'anniversaire, des longues lettres en réponse à celles qu'elle reçoit, des écrits pour garder le lien qu'elle cachette religieusement avec la pointe de sa langue.

À l'opposé de celle de ma mère, l'écriture de mon père Jean tutoie les sommets de la perfection. Militaire et précise, rationnelle, carrée, sans artifices. Mon père fait des listes. Des listes parfaitement écrites. Des listes pour tout et sur tout ce qu'il trouve, surtout au dos des enveloppes des courriers qu'il reçoit. Son bureau et la table du salon sont tapissés de listes comme des petits tas de crottes de souris. Il est perdu sans les mots qu'il gribouille sur ses listes. C'est drôle, moi aussi je fais des listes.

On s'en sort toujours quand on écrit, surtout quand on fait des listes.

Rien, je n'y connais rien.

Je ne connais rien à la musique, je ne sais pas placer une clef de sol sur une partition, je n'ai jamais touché un instrument à part une flûte en CE2, mineur, majeur, do, ré, fa, je ne sais pas, l'oreille absolue, jamais entendu parler, parfois je passe deux heures d'affilée à écouter Ludwig et je ne reconnais plus sa patte deux jours après en tombant sur lui sur France Musique, je suis affligée tellement mon cerveau a parfois tendance à ne pas attribuer correctement trois notes qui se suivent au bon compositeur.

Alors je tente de m'instruire. Je lis, j'écoute, j'essaie de recouper les époques, les écoles, les mouvements, je me sens minuscule devant cette connaissance infinie que je n'ai pas et que je n'aurai jamais mais a-t-on besoin de s'appeler Pierre Hermé pour savourer un bon financier, pour être touché, pour affirmer avec certitude, sans hésitation aucune, que la musique est essentielle dans une vie, que le cœur a besoin d'elle pour se gonfler de chaleur, que sans elle les journées ne sont pas assez fleuries ?

Je ne pourrais pas vivre sans elle.

Sans Beethoven et son concerto pour piano n°4 et toutes ses autres pépites qui le rendent si grand, du concerto pour violon de Sibélius, de Ravel et de sa pavane et de sa valse qui sort de l'au-delà, de la petite messe solennelle de Rossini, des jeux d'eau à la villa d'Este de Liszt et de sa sonate en si mineur aussi, du Bal de la Symphonie Fantastique de Berlioz, de la voix de Père Noël de Hans Hotter dans le Gutte Nacht de Schubert, des nocturnes et des valses de Chopin, de Maria forcément Maria, de la voix de Montserrat Caballé, de celle de Kathleen Ferrier, du Prélude et Allegro de Fritz Kreisler, de la façon dont Hilary Hahn t'arrache les tripes en interprétant la Chaconne de Bach, du Requiem de Fauré, du Requiem de Mozart, du swing de Nathalie Stutzmann quand elle tutoyait Haendel et Vivaldi parce que maintenant c'est fini, on ne peut plus l'écouter, Nathalie s'il vous plaît revenez, de Fazil Say quand il joue à cache-cache avec Mozart en faisant danser ses doigts légers, de la fougue de Cecilia Bartoli qui te prend par la main même quand ça va bien.

C'est tout réfléchi.

Le pire, c'est de perdre l'ouïe.

-Il faudra la présenter chaque fois que vous viendrez.

La secrétaire me tend le sésame, le laissez-passer.

J'ai désormais ma carte d'identification de l'Oncopole. Je viens de rentrer dans la grande famille de l'Oncopole, ce fut un temps un club très privé qui désormais élargit le cercle de ses membres, tout ça sans faire de pub, magistral coup de maître du crabe en chef.

Elle est orange et plastifiée, comme un forfait de ski. Elle porte le numéro 2022.11773.

Je l'ai rangée à côté de la carte Décathlon bleue, c'est joli le combo orange et bleu.

Un jour d'automne, alors que la lumière commençait à décliner à tous les étages, le crabe s'est arrêté en haut des allées Jean Jaurès, il a pris l'ascenseur, a posé sa valise dans l'open space et en pointant son doigt a fait son choix : toi, toi et toi.

Il a commencé par Franz. Un peu les testicules, un peu le rein, un peu les poumons. Le tout à la queuleuleu pour varier les plaisirs. Franz a touché le fond, longtemps, durement, la peau sur les os en guise de manteau mais il a gagné, il parle à nouveau dans le micro, très tôt quand la ville dort encore, trimballant ses dernières métastases cramponnées aux poumons.

Quand Franz est revenu, le crabe a choisi le sein d'Elsa. Il a été sympa, il ne le lui a pas pris en entier, sa tumeur balle de golf était facile à repérer dans son 95D. Il lui a pris son énergie et ses cheveux, ils ont repoussé tout bouclés après, elle était toute jolie avec sa tête de grand mouton tout doux. Elsa aussi a gagné, elle est à nouveau derrière son bureau au milieu de ses plantes, le sein allégé et le cheveu afro, et à la main droite une bague dorée en forme de sein, pour ne pas oublier son sein qui a morflé.

Le crabe suit son plan, il me tend le bâton de relais, sourire narquois et yeux plissés, c'est ton tour petite, il cherchait un organe différent, pas commun, positionné à un endroit qui fasse parler, il a coché toutes les cases en se posant sur ma langue.

A nous trois nous pourrons bientôt écrire un manuel en cinq sections, une section par organe, radioscopie des tumeurs par la hauteur.

Il est marrant le crabe, il jongle avec les destins et s'attaque aux gentils, aux gentils comme nous trois, Franz, Elsa et moi, de vrais gentils avec du cœur, avec de l'esprit.

S'attaque-t'il parfois aux cons, aux cons pas gentils qui n'ont pas de cœur ?

Pour renforcer la sécurisation de votre session Windows et de votre messagerie, votre mot de passe devra désormais se composer de douze caractères minimum et d'une combinaison d'au moins trois types de caractères différents (lettres majuscules et minuscules, chiffres, symboles).

J'ai changé mon mot de passe au boulot.

J'ai choisi le plus robuste des mots de passe pour affronter cette curieuse entrée dans l'hiver :

Putaindelangue31!

Novembre

J'ai rencontré Agnès pour la première fois le mois dernier.

Nous étions deux face à elle, ma mère et moi. Elle était seule derrière son masque.

Je l'ai nommée Agnès dès que je l'ai vue.

Ni Docteur, ni Professeur. Juste Agnès.

Je me souviens m'être dit : elle va t'embarquer dans sa pirogue, tu ne sais pas où elle te mène, appelle-t-on dans la tempête son voisin de galère autrement que par son prénom ?

Sur son bureau étaient posés les résultats de la biopsie, les résultats du scanner, de l'IRM, de la prise de sang, le dossier complet. Moi je me tenais assise et bien droite, à mes pieds mon petit sac vide de tout.

Elle savait déjà tout sur moi avant même que je m'assoie en face d'elle, mon masque sur le nez, ma mère à mes côtés.

Elle m'a dit de sa voix douce, un peu gênée : il s'agit d'un cancer de la peau qui s'est logé sur la langue. J'ai pensé qu'il aurait pu louer un pied-à-terre ailleurs, chez quelqu'un d'autre. Ce n'est pas très catholique mais je l'ai pensé très fort.

J'avais une tonne de questions qui se télescopaient, je n'en ai pas posées beaucoup, je préférais attendre les conclusions du dernier examen, c'est toujours mieux d'avoir toutes les cartes en main pour savoir si on peut sortir un joker.

Agnès m'a dit c'est moi qui vais vous opérer mais c'est un autre chirurgien qui se chargera de l'endoscopie. Clair et précis, chacun sa partie.

L'endoscopie c'est aujourd'hui.

C'est Jérôme qui s'en est chargé. Avant de partir au bloc les infirmières m'ont dit : Jérôme c'est la Rolls du service. J'aime bien ce service, les gens ont de l'esprit.

Jérome vient de rentrer d'expédition, il n'est pas parti longtemps, trente minutes seulement. Il a procédé aux dernières biopsies pendant que je dormais, il a scruté ma cavité buccale sous tous ses angles, le plancher de ma langue, la base de ma langue, les côtés de ma langue, les ganglions, un voyage en profondeur pour ne rien rater.

Je me réveille doucement. J'y vois clair.

L'infirmière a pensé à me remettre mes lunettes.

Quand on est ultra myope et qu'on ne peut pas porter ses lentilles qui rendent jolies, c'est la plus grande marque d'attention du monde d'avoir à ses côtés une infirmière qui n'a pas oublié que je suis perdue sans lunettes.

Je les entends rire, c'est joyeux, elles passent et elles repassent, le centre de la pièce est leur QG, elles s'affairent sur leurs ordinateurs avec leurs blouses bleues et leur bonnet bleu, elles mettent des gants bleus, reviennent, jettent les gants bleus, mettent du gel, s'en vont, reviennent, remettent du gel, la pièce est claire, il y a beaucoup de bleu, je devine les rayons du soleil qui entrent par les fenêtres hautes, c'est plaisant de se réveiller doucement et de voir du soleil.

En face de moi il y a un homme qui ne bouge pas, j'entends rire à nouveau, la brancardière passe avec une femme dans le pâté comme moi, j'entends parler de pâté quercynois et de merveilles, j'ai faim, j'ai envie d'un magret sauce poivre vert, j'ai un peu froid aussi, ma gorge brûle, l'infirmière vient vérifier si j'ai un peu plus de réflexes que les quinze dernières minutes, elle me propose une couverture chauffante et un peu de morphine, je dis oui pour les deux, je me sens bien, je plane et j'ai chaud, c'est les tropiques, je voudrais que le temps s'arrête ici sur ce brancard, le corps au chaud et l'esprit embrumé, en train de suivre le ballet incessant des infirmières en salle de réveil.

Une brancardière vient me chercher, le son parfois résonne en décalé, je m'aperçois en glissant sur le lino que l'homme qui était en face de moi, celui que je scrutais depuis mon réveil était en fait une femme. Pourtant j'avais bien mes lunettes sur le nez.

J'ai retrouvé ma chambre. J'attends Jérôme.

L'infirmière m'apporte un plateau tutti frutti de crèmes, yaourts et compotes, tout est froid et tout est liquide, un avant-goût de ce qui m'attend dans les prochaines semaines. Je donne le yaourt nature à ma mère, elle a un peu la dalle Geneviève, on lui a donné l'autorisation au dernier moment de rester dans la chambre sans sortir, les infirmières ont eu pitié d'elle, de sa canne et de ses quatre-vingt-sept ans.

Jérôme est là désormais.

Il n'est pas grand, c'est rassurant, ça fait proche des gens, je me dis que les mots qui font mal tomberont de moins haut.

J'imagine ce qu'il va me dire. Rien de spécial à l'endoscopie, elle confirme les résultats des scanners et de l'IRM, la tumeur est petite et localisée, on rabote un peu la langue, on enlève un ganglion, vous en chiez un peu le temps de la cicatrisation, quelques séances de rééducation orthophoniste pour ne pas zozoter et le tour est joué.

Il parle calmement mais ça va trop vite quand même, j'aurais dû noter mais ça fait trop première de la classe à lunettes, alors je me concentre pour essayer de ne passer à côté d'aucune subtilité.

Je retiens l'ablation de tous les ganglions à droite, tous et non pas que le ganglion de référence parce qu'il a vu quelque chose à côté alors il vaut mieux tout retirer pour plus de sûreté.

Je n'aime pas quand on voit des choses à côté.

Il parle d'exérèse, de restructuration de la langue avec la peau de mon cou, de ma bouche trop petite, des œdèmes à prévoir, de la possibilité de me poser une canule pour que je puisse respirer, d'une longue opération, de huit à dix jours d'hospitalisation, de radiothérapie sûrement, mais vous ne devriez pas trop avoir de séquelles sur la parole et la déglutition.

Je n'aime pas le conditionnel.

Je déglutis la gorge serrée.

Il s'en va.

Nous nous retrouvons déboussolées Geneviève et moi, elle calée dans le fond du fauteuil, moi assise sur le rebord du lit dans ma blouse d'hôpital trop grande.

Nous venons de comprendre, sans nous parler, sans même nous regarder que ça allait être beaucoup plus lourd que ce que nous avions imaginé.

-Maman, et si tu ne te réveilles pas après l'opération ?

Maman répond « bien sûr que je vais me réveiller mon petit cul joli ! ».

Mais maman a un peu peur aussi de ne pas se réveiller.

Amicie formule tout haut à table cette possibilité que tout optimiste convaincu ne peut imaginer : l'éventualité de les laisser sur le carreau toutes les deux, de partir et de ne jamais revenir.

Amicie sait accompagner ses mots vers la sortie, toi tu ne parles pas. Tu gardes tout en toi. Tout ce qui fâche. Tu n'es ni timide, ni taciturne, au contraire tu es joyeuse. Mais tu es dure. Quand ça fait mal, tu ne t'étales pas, tu ne partages pas, tu enfouis tout en toi. On dirait moi.

Quand je tente de te parler des pinces du crabe, tu dis je sais. Tu sais très bien que tu ne sais pas. Dire je sais est la voie de la facilité, ça clôt le sujet.

Tu avais quatre ans la première fois où tu as pris l'avion toute seule, tu ressemblais à un pin's, je t'observais derrière la paroi vitrée en train de suivre ta mini valise sur le tapis roulant, tu te déplaçais sur la pointe des pieds comme un bébé crabe, tu portais sur ton dos le sac à cordelettes couleur chocolat avec écrit Candice dessus, tu ne t'es pas retournée, tu ne m'as pas cherchée du regard, tu as tracé sur la pointe des pieds, se retourner c'était flancher.

Dire autre chose que je sais, c'est flancher. Tu es comme moi, tu n'aimes pas flancher.

« Demain, dès l'aube, à l'heure où blanchit la campagne,
Je partirai. Vois-tu, je sais que tu m'attends,
J'irai par la forêt, j'irai par la montagne,
Je ne puis demeurer loin de toi plus longtemps »

Je ne veux pas oublier ma voix.

Je veux pouvoir me souvenir de comment je parlais avant.

Alors je m'enregistre.

Je n'ai pas réfléchi, je n'ai pas cherché ce que j'allais enregistrer, ce sont ces mots qui viennent, Victor plein de douleur pleurant sa Léopoldine disparue sous les flots.

Trente novembre.

Le scanner est passé, l'IRM est passée, l'endoscopie est passée. Sous toutes les coutures j'ai été auscultée, on sait tout de moi, je ne sais pas grand-chose à part les quelques lignes au bas des nombreux comptes rendus.

Aujourd'hui est un jour important, c'est le jour du rendez-vous d'Annonce.

Marie aussi a eu droit à son rendez-vous d'Annonce auréolé de lumière, elle dormait, elle ne s'y attendait pas contrairement à moi, je suis tout à fait réveillée, ma jambe bat la chamade sous la table, je commence à avoir mal, je veux connaître le protocole avec précision.

Agnès me reçoit derrière son masque comme le mois dernier lorsqu'elle a prononcé pour la première fois le mot cancer devant moi.

Je l'observe.

Je la passe au laser depuis que je suis entrée dans son bureau, ses mots, ses gestes, mes radars sont à l'affût, le futur de ma nouvelle vie va se jouer entre ses mains.

Agnès est petite et fine, les cheveux longs négligemment relevés en chignon, elle est plus jeune que moi, tellement jeune d'ailleurs qu'elle ressemble à une adolescente tout droit sortie de La Boum.

Agnès est brillante, ça s'entend, ça se sent, ça se voit, elle est alignée avec son bagage déjà long comme les deux bras réunis.

Agnès l'adolescente a réussi il y a quelques semaines une prouesse mondiale, une reconstruction nasale complète en biomatériau sur une patiente atteinte d'un cancer des fosses nasales.

Il y a la médiocrité ambiante et il y a Agnès là devant moi qui devait disséquer des grenouilles à la perfection en sixième et passer ses dimanches à faire des prothèses de crâne en Maco Moulage pendant que d'autres se tapaient l'intégrale des Cités d'Or.

Les gens brillants ne laissent pas de place au doute, ils t'embarquent.

D'ailleurs en ce moment-même où vous me parlez Agnès, en vous observant, alors que je ne sais rien de vous, je décide que je vais vous suivre les yeux fermés, ce n'est pas anodin cette décision que je prends toute seule avec moi-même, je vais vous faire confiance, je vais dire oui à tout, je ne vais jamais douter, je ne vais pas aller étudier la toile en long en large et en travers à la recherche d'images de langues nécrosées, seulement à vous je m'en remets.

L'interne est assis à côté d'elle, et ma mère à côté de moi. Je ne sors toujours pas de quoi noter, nous sommes deux, rien ne devrait nous échapper.

Agnès se lance avec précision. Pas de termes barbares, le débit est fluide, je comprends tout, je comprends surtout que le protocole a évolué depuis que Jérôme m'a parlé.

Parce que l'IRM a révélé une tumeur plus grosse que prévue.

Deux centimètres et demi sur un centimètre, autant dire que ramené à la taille d'une langue, c'est énorme.

J'ai pris une règle et j'ai dessiné la taille de la tumeur au dos d'un courrier d'EDF, scolairement comme une enfant très appliquée, juste pour visualiser la surface abîmée. Puis j'ai tracé un centimètre tout autour, c'est la marge de sécurité qui doit être enlevée en plus autour de la tumeur.

C'est un Figolu qui est apparu sous mon crayon à papier.

Pendant que vous me parlez Agnès, je tente de visualiser cette surface que je dessinerai tout à l'heure au calme en rentrant chez moi, ce Figolu : êtes-vous en train de me dire que vous allez m'enlever un tiers de la langue ?

Agnès ne dit pas oui, Agnès ne dit pas non, Agnès est prudente.

Allons, ne chipotons pas, un tiers ou un quart, finalement, ce n'est pas si éloigné, partons sur un gros tiers pour ne pas laisser de côté la marge de sécurité, ne faisons pas les choses à moitié, un tiers c'est plus rond, c'est plus tranché, ça s'inscrit dans l'histoire façon tiers état, un quart ça fait petit joueur, quart monde oublié.

Une langue ça ne repousse pas comme une queue de lézard, ça m'a effleuré quelques secondes, mais non, ce n'est pas possible, il n'y a que les poils et les ongles qui repoussent et la connerie parfois aussi.

Il va donc falloir reconstruire cette langue puisqu'elle ne repoussera pas toute seule, il va falloir lui coller un nouveau tiers de matière vivante pour qu'elle puisse continuer à vivre.

Et c'est ainsi que le bout de langue restant, lui qui n'a rien demandé, devra cohabiter avec un lambeau qui sera prélevé non plus dans mon cou mais dans mon avant-bras, la peau est plus souple.

Agnès prend mon bras gauche dans sa main et fait des tests, j'ouvre et je ferme la main, elle appuie fort avec ses doigts, je recommence, j'ouvre, je ferme, elle ne parle pas.

Agnès prélèvera le lambeau dans mon avant-bras gauche avec son scalpel, elle le cisaillera avec délicatesse pendant que je dormirai paisiblement, prendra la peau, une artère et deux veines comme un poulpe qu'on soulève avec sa grosse tête et toutes ses tentacules, puis elle arrachera le poulpe à son milieu naturel et sculptera le tout pour lui donner, tel Rodin, la forme de la partie de la langue amputée. Du grand art.

La tâche suivante est tout aussi périlleuse : greffer le poulpe tout juste sculpté sur les deux tiers de langue saine, se concentrer pendant de longues heures de microchirurgie sans ciller sans aller faire pipi sans éternuer, rebrancher méticuleusement les vaisseaux des deux camps, donner à l'ensemble une allure harmonieuse et à la fin se planter devant eux et leur dire : maintenant les gars, il va falloir vous entendre.

Simple, basique. Un trou dans le bras et Agnès te fait une langue toute neuve.

Ma jambe ne bat plus la chamade sous la table, elle est en appui au sol, tentant de tenir droit le reste de mon corps.

Et voilà désormais qu'Agnès me parle de la cuisse pour reboucher le trou dans le bras. Suis-je bête, il faudra bien le refermer celui-là, il ne pourra pas s'en sortir tout seul avec trois bouts de Sparadrap. Alors on fait appel à la cuisse. Elle non plus n'a rien demandé et pourtant on va lui prendre un peu d'épiderme comme une orange qu'on épluche pour le greffer sur l'avant-bras, pour refermer le trou béant où se cachait le poulpe.

Je suis en apesanteur au-dessus de ma chaise.

Agnès en vient aux ganglions. Ils se planquaient depuis le début pensant être épargnés, c'est leur tour désormais. On cisaille mon cou, on les retire tous à droite, on cure, on nettoie, on referme et on installe deux drains le long du cou pour que le sang puisse s'écouler le temps de l'hospitalisation.

Je suis en train de visualiser le visage de Frankenstein et je me demande si c'est une bonne chose à ce stade d'opter pour la technique de visualisation.

L'interne ne moufte pas, l'interne est en train de se dire oh pétard il est bien costaud son rendez-vous d'annonce et Agnès ne lui a pas encore parlé du trou dans la trachée pour pouvoir respirer, de la sonde dans le nez pour pouvoir s'alimenter, des œdèmes dans le cou, des soins intensifs, des potentielles séquelles au niveau du bout des doigts et des épaules, de la rééducation, de la parole hésitante des premiers mois, de la radiothérapie qui s'ensuivra.

C'est un silence de plomb qui s'installe entre Geneviève et moi alors que nous rejoignons la sortie. Je tiens entre les mains les deux fascicules qu'Agnès m'a laissés : *La reconstruction par lambeau libre* et *La greffe de la peau*. Les titres ne sont pas très séduisants, il va pourtant falloir que je les décortique à tête reposée pour comprendre, il fait frais dehors et pourtant je brûle, ça bout à l'intérieur de moi, je colle les deux fascicules entre eux et m'en sers d'éventail, c'est utile un éventail en novembre, ça calme les colères qui montent.

Je grimpe dans la navette qui nous ramène au parking, Geneviève me suit avec sa canne, nous n'avons toujours pas échangé un mot, je rumine en silence, c'est bien la première fois que j'ai envie de traiter ma langue de pute.

Décembre

Avant j'étais juste gênée. Maintenant j'ai mal.

La bête qui sommeillait se réveille. Elle déploie sa main vicieuse sous ma mâchoire et lentement, entoure de ses doigts crochus mes gencives et la base de ma langue, elle serre de plus en plus fort, elle m'observe en même temps, l'œil noir, elle guette mes rictus, elle s'en délecte, invitant parfois mon cœur qui se met à jouer du tam tam près de mes dents.

Je ne peux plus me brosser les dents avec du dentifrice à la menthe, ça m'arrache la tête, j'ai piqué celui aux fruits rouges d'Amicie, je me surprends en train de lever ma langue plusieurs fois par jour pour chercher un peu de repos, je la sens terriblement gonflée le soir après avoir beaucoup parlé, je sais mes ganglions énervés, je hais ces cellules qui prolifèrent à vitesse grand V.

De temps en temps quand je déglutis la bête déplie son majeur sans prévenir et balance son ongle crochu au fond de ma gorge, c'est incisif, ça remonte jusqu'à l'oreille, ça remonte jusqu'au sinus et c'est un cri de douleur que je tente de contenir, un cri animal que je cherche à étouffer en plaquant mes mains sur ma joue, sur mon oreille, les yeux fermés, pour tenter de trouver le plus petit des réconforts.

Audrey porte des baskets à la mode et une blouse blanche sur laquelle est écrit Orthophoniste, elle est jeune comme tous ceux que je croise à l'Oncopole, mais ils sont où les médecins poivre et sel qu'on voit dans les films et qu'on aimerait bien croiser dans les couloirs ?

-Vous ne devriez pas avoir trop de complications au niveau de la déglutition mais ce sera plus complexe côté mastication.

Je viens de dire adieu en un clin d'œil au saucisson de Lacaune et à l'entrecôte d'Éric et de Karine, je vais prendre des parts dans une plantation de riz à risotto quelque part dans le Piémont, changement de stratégie alimentaire, valeur sûre.

Audrey me détaille la façon dont naissent les sons, ça va un peu vite, je comprends que les sons prononcés par l'avant de la langue ne devraient pas poser de difficultés mais que je bataillerai beaucoup plus avec les sons prononcés par le fond de la langue.

Elle n'en cite que deux, le QUEU et le GUEU.

Audrey, êtes-vous en train de déconner ?

Êtes-vous en train de me dire que je devrais songer à changer de prénom ?

Le GUEU. Comme le GUEU de Maguelone qui se situe en plein milieu de mon prénom, pas au début, pas à la fin, non en plein milieu, imposant, plantureux, tel un guet qui relie le début à la fin du prénom, le GUEU.

Je m'imagine décontenancée à l'idée de devoir prononcer à nouveau mon prénom, comment vous appelez-vous ?, je ne m'appelle plus, je suis la fille sans nom, the girl with no name, parce que c'est un son merdique qui sort à la place du GUEU, une grosse patate non identifiée qui fait pâlir la moitié du Languedoc réuni.

Le GUEU. De Maguelone.

Le karma, quoi.

Mère Marie nous avait dit un jour qu'il fallait d'abord rendre grâce à Dieu pour sa miséricorde avant d'envisager lui demander quelque chose.

Petit Jésus, je vous remercie de tout mon cœur de m'avoir offert il y a des années une langue fonctionnelle, habile, maîtrisant le verbe et non médisante.

Je voudrais vous suggérer aujourd'hui de songer à ne pas me la retirer totalement, à la laisser s'exprimer encore un peu, il me semble qu'elle a encore tellement de choses à raconter.

Merci beaucoup petit Jésus plein de miséricorde.

Ma sœur Frédérique est stressée, beaucoup plus que moi. C'est facile à repérer, elle parle encore plus vite quand elle est stressée, elle comble les vides.

En ce moment, elle parle très vite.

Ma sœur est généreuse, elle va mettre sa vie en retrait, elle va venir s'installer chez moi, rentrer dans ma peau, dans mon lit, dans mes sabots pour ne pas déstabiliser les filles.

Je lui prépare un mémo.

Le jour des passages des poubelles, la semaine type des filles, le cheval, la gym, le théâtre, le tennis, le cheval à nouveau, le tennis à nouveau, la gym à nouveau.

Et puis l'essentiel.

Amicie aime bien s'endormir avec la bouillote grise, celle avec des noyaux de cerise, elle se réchauffe au micro-ondes mais pas plus de deux minutes sinon elle brûle.

Les poules ne sont pas difficiles, tu peux leur donner tous tes restes et détritus, si tu as le temps coupe la peau des légumes en petits morceaux, c'est plus facile pour elles.

Le soir pense à laisser la porte de la douche ouverte avec un verre rempli d'eau au milieu, c'est pour Peaky, je sais c'est ridicule mais c'est ici qu'il vient boire la nuit, si jamais le verre est vide il viendra te chercher pour te dire qu'il n'est pas ravi.

Le mardi soir, il n'y a rien, c'est déstabilisant mais on s'y fait. C'est le soir où tu peux faire du feu. Tu as du petit bois et des pignes de pin dans la cabane au fond du jardin, rentre quelques bûches au fur et à mesure dans la semaine quand tu passes devant le tas.

Je t'ai aimanté sur le frigo les numéros des mamans des copines, n'hésite pas à les appeler, surtout Céline et Cécile, tu peux compter sur elles.

Sur le bar je te laisse les clefs et les papiers de la voiture, ma CB, ma carte Casino et les cartes d'identité des filles.

A partir de demain je te laisse ma vie.

Merci.

Ma mère et ma sœur m'accompagnent avec mon gros sac bleu.

Elsa m'a dit de ne prendre que des affaires amples, des pantalons fluides et légers, des chemises et non pas des tee-shirts, elle sait de quoi elle parle Elsa, il faut que le corps soit libre de bouger et que les vêtements n'empêchent pas les tuyaux de passer.

J'ai déniché de jolies chemises chez Emmaüs, il y a la grande chemise rayée bleu et blanc qui m'arrive au genou, un chic négligé à la Inès de la Fressange, elle me plaisait, je l'ai embarquée, c'était plus compliqué pour le reste, et s'il fait chaud, et s'il fait froid, et si j'ai du mal à enfiler un pull avec mon bras en vrac, et si je sors me balader dehors, des et si de partout, ils sont très inconfortables les et si au moment de faire des bagages surtout quand on va faire un petit tour à l'hôpital.

Frédérique est fébrile, moi je ne le suis pas.

Cela fait bien longtemps que je ne me suis pas sentie aussi bien, mon cœur ne fait pas de saltos, mes tripes ne sont pas retournées, j'avance sans douter, je marche devant elles dans le couloir qui mène aux chambres de la chirurgie 1B, je n'ai pas peur, j'ai donné ma confiance, je pense à la douleur qui va bientôt s'en aller, à ma besace que je vais très égoïstement déposer à l'entrée de ma chambre avec dedans mes enfants, mes parents, mes adhérents et mes clients.

L'infirmière vient de me dire que je ne pourrai pas partir demain au bloc avec mes lunettes.

C'est l'effroi.

Je vais donc partir vers l'inconnu dans un flou absolu, ce n'est peut-être pas si bête en somme de débuter le voyage en voguant fébrilement sur le brancard, guettant les sensations, caressée par les néons flous du couloir, indifférente à tout ce qui se passe autour.

Agnès est là. Je me sens comme Bernadette devant la Vierge.

Agnès vient de me dire que je pourrai finalement garder mes lunettes demain pour rejoindre le bloc. C'est la chef, elle l'a dit, je porterai mes lunettes demain pour aller au bloc, une auréole se dessine au-dessus de sa tête.

Agnès me fait une croix au marqueur noir à l'intérieur de l'avant-bras gauche, ce serait dommage demain de s'attaquer au bras droit par erreur et de me priver du seul moyen qu'il me restera pour communiquer.

Elle me demande si j'ai des questions, non je n'en ai pas.

-Je suis très contente que ce soit vous qui m'opériez, on m'a dit que vous faisiez des miracles.

C'est sorti tout seul.

En prononçant ces mots j'imaginais devant moi le visage de la patiente portant désormais un nez réalisé en 3D, un nouveau nez qui lui permet de sentir à nouveau l'odeur du café. Ce n'est pas rien quand même de sentir à nouveau l'odeur du café avec un nez qui n'est pas le sien.

-Faites-moi une jolie langue, voilà ce que j'ai eu envie de rajouter.

Agnès s'en va.

Elle me laisse seule dans ma grande chambre baignée de soleil avec vue sur la verdure, je glisse le long de la fenêtre jusqu'au sol, le dos appuyé sur la vitre, ça chauffe dans mon dos, je ferme les yeux et entame la plus jolie des siestes, mon livre à la main, à mes pieds mon gros sac pas encore ouvert, mon pull moutarde relevé laissant apparaître la croix noire sur mon avant-bras.

Je ne vous ai rien écrit.

Je ne vous ai pas laissé de mot manuscrit discrètement posé sur le bar de la cuisine comme je le fais souvent. Pas de lettre d'avant départ, je n'ai pas envie de ça, et puis tout va bien, vous êtes avec papa. Parfois, il vaut mieux ne rien écrire, l'écrit embrase le côté solennel, or il n'y a rien de solennel ici, je m'en vais pour mieux revenir, on ne va pas en faire un plat.

Je vous aurais écrit quoi, la main peu assurée ?

Mes chéries, Maman s'en va en guerre, je ne sais pas quand je reviendrai mais ne vous tourmentez pas, j'ai pris mes flèches et mon carquois, mes moufles et mon bonnet et aussi mon stylo plume Sheaffer, le bleu, celui qui fait si bien glisser les mots sur le papier. J'ai sorti la grosse artillerie, je suis bien équipée, il ne peut rien m'arriver.

A Paris chez papa, n'oubliez pas la joie. Songez aussi à être un peu chiantes, ça lui changera les idées. Je crois que Papa a un peu peur, il ne vous le dira pas mais moi je le sais.

Il ne veut pas que ça recommence.

Vous n'étiez pas encore là, mon ventre était tout rond, c'était un jour d'été, Mamie Tartine est partie au bloc, elle non plus n'en a pas fait un plat, elle est partie mais elle n'est jamais revenue, elle ne s'est pas réveillée, papa n'a pas pu lui dire au revoir, le crabe agrippé au poumon a gagné ce jour-là. Le crabe ne doit pas continuer à gagner.

Je ne vous ai rien écrit de manuscrit. C'est moins joli. Vous ne pourrez pas glisser plus tard le mot dans votre boîte à souvenirs.

Il est vingt-deux heures zéro trois. Vous ne dormez pas. Les ados, ça ne s'endort jamais le soir. Je viens de vous envoyer un message très court sur WhatsApp même si vous trouvez que WhatsApp c'est ringard et que c'est pour les vieux. En même temps, je suis certainement un peu vieille à vos yeux.

C'est bizarre, cette fois vous répondez tout de suite, les téléphones ne sont pas au fond du sac, les téléphones ne sont pas en silencieux, les téléphones ont encore de la batterie.

Il y a des cœurs et de jolis mots dans ce que vous m'écrivez, vous voyez, WhatsApp n'est pas si ringard, il permet de dire qu'on s'aime, même quand il est tard.

Il est très tôt. Je pars au bloc à pied dans ma tenue de cosmonaute bleue avec une charlotte blanche sur la tête, des chaussons bleus et sur le nez mes lunettes triple foyer.

Je souris tout en marchant. Si l'on m'avait obligée à laisser mes lunettes, j'aurais dû tenir la main du brancardier qui m'accompagne comme une fille éplorée que je ne suis pas, tandis que là j'avance à vive allure, les mains dans les poches, le goût de Bétadine dans la bouche en suivant le brancardier sans brancard dans un dédale de couloirs.

La porte du vaisseau s'ouvre.

J'ai un temps d'arrêt qui me serre le cœur comme une noisette devant cette fourmilière qui s'agite, devant ces huit, neuf, dix personnes, je ne sais pas combien, qui vont se pencher sur moi alors que je n'ai rien demandé.

Tous s'affairent chacun de leur côté, c'est concentré et détendu à la fois, je m'allonge sur cette table qui me paraît immense au centre de la pièce, on me recouvre d'une couverture chauffante, une infirmière me demande mon nom, mon prénom, ma date de naissance, elle me présente l'anesthésiste qui me pique délicatement, je ne sens rien, ça va vite, une autre infirmière allonge mon bras gauche sur un brancard latéral, j'aperçois la croix noire, Agnès vient me saluer avant qu'on me retire mes lunettes, ça y est je ne vois plus rien, je m'en vais, j'entends quelqu'un murmurer elle a de jolis yeux bleus, les sons s'éloignent et dégringolent dans le coton, l'infirmière placée derrière moi entoure mon visage de ses mains et me demande tout doucement de penser à une destination que j'aime bien, je pense à mon feu de bois et à Peaky devant puis je pars délicatement.

Je me réveille légère comme une fleur d'hiver.

Je n'ai pas froid, je ne tremble pas.

L'intervention a duré près de neuf heures.

C'est le visage d'Agnès que je vois en premier. Je la vois très nettement car j'ai mes lunettes sur le nez, nouvelle petite attention qui fait toute la différence.

Je me souviens de son regard penché juste au-dessus de mon visage, un quart de seconde de souvenir subtil, tout s'est bien passé me dit-elle, pas plus, sa voix est douce, ça me suffit.

Je suis toujours en vie.

Vite, il faut que je le dise aux filles.

En réanimation la pièce est sombre, il y a un attirail infernal derrière mon lit, ça fait bip bip comme dans les films, on vient me voir souvent.

L'infirmière me propose un miroir, je dis oui en hochant la tête.

Je suis Frankenstein.

Pas sa sœur, pas sa cousine, pas sa mère, lui.

Le visage tuméfié, le cou qui a doublé de volume, la langue qui a triplé de volume, une balafre énorme dans le cou retenue par des agrafes en fer modèle URSS, l'avant-bras gauche enfermé dans une épaisse attelle bleue, un gros pansement sur la cuisse gauche, un embout en plastique dans la trachée que j'ai déjà envie d'arracher, une sonde fine qui sort de mon nez et qui plonge dans l'estomac, une sonde urinaire et trois drains logés sous la peau et reliés à des bidons pleins de sang posés au pied de mon lit.

Si tu es sensible tu meurs mais avant ça tu pleures.

Je suis monstrueuse, difforme et disgracieuse, je pense même que Frankenstein est plus séduisant.

Je suis moche et tout le monde s'en fout.

Ici on se moque des patients moches, on a l'habitude des patients moches, personne ne fait attention aux visages, aux agrafes et aux attelles, ils me regardent tous comme si j'étais normale, en souriant.

Ils passent me voir toutes les heures, l'infirmière ou l'interne à tour de rôle, dormir est une notion désormais inconnue, ils me demandent d'ouvrir la bouche, ils vérifient la couleur du lambeau, ils testent son élasticité avec un bâtonnet.

Et avant de partir ils branchent le doppler, ils s'adonnent entre eux à l'expérience la plus émouvante de mon monde du moment, ça ne paraît rien de brancher et d'écouter un doppler, cette petite machine qui une fois connectée mesure l'activité artérielle du lambeau, ça ne paraît rien du tout mais tout le monde est suspendu à ce qu'elle raconte.

D'un rythme franc et enlevé j'entends le cœur des artères battre comme celui d'un bébé, tadan tadan tadan, les artères fonctionnent, le sang passe bien, l'artère et les veines de l'avant-bras semblent avoir scellé une entente définitive avec leurs copines du bout de langue restant, le poulpe s'est intégré à son nouveau milieu.

A chaque nouvelle écoute j'ai le cœur serré, à chaque battement que j'entends je comprends que c'est gagné, à chaque satisfaction de l'équipe j'ai envie de crier « Agnès est-ce qu'on peut dire maintenant que c'est vraiment gagné ? » mais rien ne sort, la canule est fermée, je ne peux pas parler et rien ne sortirait de toute façon avec cette masse énorme qui occupe tout l'espace de ma bouche, cette murène endormie qui ne veut pas bouger et qui me tient totalement muselée.

On me dit que je vais bien, que j'avance vite. Quarante-huit heures en réa, un petit tour et puis s'en va. La chambre 106 est ma nouvelle destination en chirurgie 1B.

Je suis shootée, je ne ressens aucune douleur et malgré tout je me débats.

Non pas avec la lourdeur de ma langue, ni avec le trou de l'avant-bras que je n'ai toujours pas rencontré, ni avec les agrafes en fer qui cisaillent mon cou, je me débats avec la trachéo, avec la canule, avec ce tube envahisseur logé dans ma trachée qui sillonne jusqu'au poumon, ce tube que je n'ai pas le droit d'arracher parce que sans lui, je ne peux pas respirer, envahie par les œdèmes qui entourent mon visage.

La toux, les glaires, la salive, la sensation d'étouffement à chaque respiration, les larmes qui coulent toutes seules dès que les glaires ressortent, l'embout en plastique que je ressens dès que je tente de m'allonger, c'est mon chemin de croix à moi, j'expie tous mes péchés et mes petites méchancetés.

Je suis assise dans le fauteuil tentant de me tenir le plus droit possible pour éviter les quintes qui m'arrachent les poumons, ma mère et ma sœur sont là, elles me regardent impuissantes en chier des caisses avec ma respiration.

C'est alors qu'elle arrive sans prévenir.

La quinte de l'au-delà.

Celle que je n'attends pas, que je n'imagine même pas, la quinte qui trimballe avec elle un truc énorme qui sort de ma bouche, un truc ensanglanté visqueux que je peux tenir à la main, je tire je tire cette masse baveuse sans nom les yeux exorbités, je suis dans un film d'horreur, Alien sors de mon corps, Frédérique sort en courant chercher de l'aide pendant que je suffoque, c'est urgent, je suis en train de mourir sur place étouffée par un saucisson de glaires un trente et un décembre en fin d'après-midi.

Janvier

L'aspirateur à glaires est mon meilleur ami.

Je le blottis contre moi jour et nuit, il aspire tout ce qui s'écoule en continu de ma bouche, tout ce que je parviens à faire remonter. La bave, la salive et les glaires sont de mèche, elles avancent groupées, elles envahissent mon espace sans me laisser de répit, elles testent ma résistance, elles se logent dans la trachée et le seul moyen de m'en débarrasser est de les faire remonter et de les aspirer.

Je les hais.

On se croirait à l'hospice, je passe mes journées la bouche ouverte, empêchée par cette langue énorme dont on ne voit plus le sillon et tout autour de ce pavé, ça remonte et ça sort.

Ils me disent que je suis prête à passer au stade supérieur : on me déballonne le ballon d'air logé dans la trachéo, les glaires vont remonter en masse, on me dit que les premières vingt-quatre heures sont compliquées, je redoute, je trouve que c'est déjà suffisamment compliqué.

Le trio bave-salive-glaires ne prévenant jamais de son arrivée, je m'organise. Je prends les choses en main, j'apprends à m'aspirer toute seule, je stocke des embouts au pied de mon lit et quand la vague arrive, je dégaine plus vite que mon ombre, j'attrape un embout, je le branche à l'aspirateur tout en crachant ma vie, j'introduis l'embout dans la trachée et j'aspire de façon calme et coordonnée, essayant de faire preuve de la plus grande maîtrise dans l'art de l'aspiration de la glaire, parfois je gagne mais très souvent je perds, alors la sensation d'étouffement m'envahit, ma vie défile, j'ai envie de vomir et de mourir, pour de vrai, pas pour rigoler.

Quand ce n'est pas Agnès, c'est Pierre qui vient me voir.

Pierre est interne. Sa voix joyeuse pleine de soleil porte dans les couloirs, je l'entends arriver tôt le matin et repartir tard le soir.

J'ai souvent envie de l'appeler Petit Pierre malgré le fait qu'il ne soit pas si petit, une façon inconsciente de souligner qu'il aurait été un super petit frère si j'en avais eu un.

Pierre est souriant, avenant, le regard franc, il s'avance sur ce qu'il sait, il est prudent quand il ne sait pas, il explique, il détaille,

-Avez-vous d'autres questions mesdames ?

C'est ainsi qu'il ponctue ses debriefs de fin de journée quand Geneviève est encore là, je le trouve très courtois, encore plus quand il déclame au moment de s'en aller « sur ce, je vous souhaite une bonne soirée ». So chic.

Pierre est monté sur ressorts, je ne suis pas certaine qu'il pose souvent ses talons au sol quand il marche. Quand il vérifie le lambeau dans ma bouche avec sa torche frontale et ses deux bâtonnets, regardant dessus, regardant dessous, je l'imagine le dimanche dans sa cuisine en train de retourner ses pancakes, bam je retourne une fois, bam, je retourne deux fois, et moi avec ma petite bouche ouverture trente-six, je tente de suivre le rythme.

-Il est beau ce lambeau !

Je me réjouis Pierre que vous le trouviez beau, je vous avoue ne voir à l'instant qu'une masse bicolore remplie de points de suture, permettez-moi à ce stade de douter de sa beauté, mais revenez me voir quand vous voulez, je vous présenterai mes autres plaies.

Elle porte sur sa blouse blanche une étiquette fleurie faite à la main avec écrit dessus « Christine, aide-soignante ».

Elle rentre dans la chambre discrètement avec la douceur d'une maman, s'assied sur la chaise à côté de mon lit, elle me dit qu'elle va m'accompagner, qu'il ne faut jamais hésiter à sonner, je suis là si ça ne va pas.

Christine va m'aider à prendre la première douche de ma nouvelle vie.

C'est périlleux.

Elle entoure mon attelle d'un sac poubelle, le scotche tout autour du bras, elle fait la même chose, avec la même application tout autour du pansement de ma cuisse.

Je peux désormais prétendre intégrer la troupe de Philippe Découflé, je me présenterai nue, un sac poubelle sur le bras, l'autre sur la cuisse, la sonde nasogastrique en guise de collier futuriste, le visage gonflé et l'œil hagard, j'ai toutes mes chances d'être choisie.

J'appréhende ce qui va suivre.

Je dois me laver les cheveux, assise sur le tabouret spécial douches de l'hôpital, je dois baisser la tête entre mes jambes, et baisser la tête en ce moment signifie déclencher une forte quinte de toux.

Christine sent l'effroi dans mon regard, elle me dit on va faire tout en douceur.

Je trimballe comme je peux ma petite personne amochée dans la salle de bain, comme une momie pas terminée avec ses sacs poubelle, la poche urinaire et les trois bidons pleins de sang.

Je m'assieds sur le tabouret, de mon nez pend la sonde nasogastrique et le fil du doppler, je me penche tout doucement en avant, guettant la quinte, guettant Christine près de moi, elle fait couler tout doucement de l'eau chaude dans mon cou, sur mes cheveux, sur mes épaules, elle se met à masser et à laver délicatement mes cheveux parce que moi je ne peux pas, elle me demande si tout va bien, mais d'où vient votre douceur Christine, de quelle planète venez-vous, ce que vous me proposez là est divin, le plus beau cadeau de ce début d'année.

Un homme en blouse blanche entre dans ma chambre, je ne l'avais jamais vu auparavant, il me dit je viens vous changer la valve, je pense au vélo, je ne suis pas venue à vélo, je n'y suis pas puis il rajoute : vous allez pouvoir parler.

J'ai pensé très fort en le prenant un peu de haut « de toute façon ça va être compliqué avec une murène dans la bouche » mais je me suis abstenue de faire glisser sur mon visage la moindre mimique déplacée.

L'instant est solennel.

Il trafique ma canule pour y adapter une valve phonatoire, un petit embout de rien du tout qui va permettre à mes cordes vocales de reprendre du service.

Il s'en va.

Je me retrouve seule avec ma murène et mes cordes vocales à l'arrêt.

Je me tais.

Je n'ose pas.

C'est tellement émouvant que ça me laisse sans voix.

J'émets des sons.

Ça n'a pas de forme mais quelque chose sort de ma bouche.

Il faut vite que je dise à Amicie que je n'aurai pas à apprendre la langue des signes.

Je ne peux rien avaler, rien ne peut passer par ma bouche, tout passe par le nez.

Voilà déjà douze jours que la sonde gastrique m'accompagne, petit tuyau souple logé dans l'œsophage et qui ressort de mon nez d'une bonne trentaine de centimètres, accroché au bout de ma narine par un petit point discret.

Dumbo quoi.

Dumbo se nourrit par le nez d'un liquide plus ou moins épais que les infirmières m'ont appris à démarrer et à stopper quand je veux bouger.

La sonde me nourrit, je ne peux pas la haïr, elle m'encombre et m'emmerde mais je commence à m'y faire à cette trompe d'éléphant qui pendouille jour et nuit sur ma vie.

-Voulez-vous la voir ?

Agnès est dans ma chambre avec une infirmière et un interne qui n'est pas Pierre. Ils sont trois, l'instant est important.

J'ai rendez-vous avec la plaie de mon avant-bras.

Oui Agnès je n'attends que ça, si vous me posez la question c'est que certains disent non, mais ça sert à quoi de dire non et de repousser le moment de la rencontre, ça sert à quoi d'éviter le laid quand on va devoir vivre avec.

Agnès défait les scratchs de l'attelle, retire la bande et le tas de tulle gras amoncelé sur la plaie, elle ouvre le paquet délicatement comme à Noël, il ne manque que les guirlandes et la voix de Tino Rossi.

Elle est là devant moi.

Je suis happée par ce que je vois, par ce cratère profond de couleur aubergine ensanglantée creusé dans mon bras, happée par le petit chemin noir et boursouflé qui part de la plaie et remonte jusqu'à la pliure du coude, souvenir de l'artère et des deux veines qui ont été prélevées.

Je tente de bouger les doigts, ils bougent, j'ouvre ma main, elle s'ouvre, je la referme, je l'ouvre à nouveau, je vois les tendons qui se déplacent sous la fine peau greffée, sous l'épiderme prélevé sur ma cuisse gauche et pendant que ça bouge dessous comme sous le plancher aquarium d'un resto chinois, les points de suture blancs logés tout autour de la plaie s'étirent et dansent en rythme.

C'est immonde et fascinant à la fois.

Je suis une femme robot descendant de Terminator, je vais bientôt me réveiller et retrouver mon bras d'avant, tout doux et tout lisse, tout ça est une vaste blague qu'il convient de stopper.

Elle est jolie, voilà ce que me dit Agnès.

La perception d'Agnès doit être altérée par une quelconque prise de substance illicite mais non, elle paraît sobre et en ligne avec elle-même, Agnès trouve ça joli et moi je trouve ça immonde.

Je n'ose pas bouger, je fixe la plaie du coin de l'œil sans tourner la tête, je détourne le regard, je reviens à elle, j'essaie moi aussi de la trouver jolie mais c'est un peu difficile de voir du beau dans un truc aussi laid, je vais devoir l'aimer, répétez après moi, je vais devoir l'aimer.

Ils repartent tous en me laissant en tête à tête avec cet avant-bras qui ne peut pas être à moi, avec cette plaie béante qui doit s'aérer, posée sur un large champ stérile bleu.

Ce matin un peu avant midi je craque avec la kiné à l'étage dans la salle des machines, devant une patiente en charlotte bleue certainement beaucoup plus atteinte que moi.

Je ne parviens plus à faire remonter les glaires bloquées dans ma trachée. Cette fois je me dis que je vais y passer.

Étouffée par ses glaires dira mon épitaphe.

J'ai chaud, les larmes coulent, j'ai envie de tout arracher, je crache mes poumons sans m'arrêter.

-Pourtant hier vous alliez bien.

Oui Josette hier j'étais mieux, je ne dirai pas bien, juste légèrement mieux, mais aujourd'hui, j'ai envie de mourir, je gère la langue énorme, je gère le trou dans le bras très très moche, je gère la balafre de requin dans le cou, mais ce petit tube en plastique logé dans ma trachée qui altère ma respiration, je n'y arrive plus.

Je rentre dans ma chambre au pas de course façon escargot de Bourgogne en traînant mes tuyaux, les yeux exorbités comme ceux qui approchent de la mort, maintenant ce sont des pleurs de panique que j'essaie de maîtriser, respirez en grand, respirez en grand, ne paniquez pas, vous êtes marrante Josette mais comment ne pas paniquer quand on sent l'asphyxie approcher, quand on sent que c'est bientôt terminé, qu'on va mourir comme ça un quatre janvier ?

Comme toutes les nuits depuis près d'une semaine, je me réveille autour de minuit quand le somnifère a fini son effet.

A partir de minuit, mon corps ne veut plus s'endormir. Je reste des heures le lit relevé à quarante-cinq degrés, je lis, j'écris, j'écoute les bruits de couloirs, je me lève pour dégourdir mes jambes j'aspire mes glaires, je me concentre devant Arte et je regarde défiler sur le cadre numérique que ma sœur m'a installé les photos et vidéos que mes amis et ma famille peuvent m'envoyer, ils sont très nombreux alors ça m'occupe une grande partie de la nuit et ça me fait bien souvent sourire dans la nuit froide et étoilée.

Cette nuit je décide de me concentrer sur ma respiration, uniquement sur ma respiration, je ne veux pas revivre la crise d'hier, je ne veux pas craquer à nouveau, je ne suis pas câblée pour craquer.

Je me mets en ordre de marche.

J'applique à la lettre les recommandations de la sophrologue qui est passée hier matin, vous inspirez fort, vous expirez fort, très calmement, un nouvel accouchement en somme, l'aspirateur à glaires à gauche, la sonnette à droite, j'inspire et j'expire, j'inspire et j'expire, je suis calme, je ferme les yeux, j'aspire les glaires quand elles s'entassent, je fais des aérosols de sérum physiologique, je tiens le bon bout, je ne m'assoupis pas, je sens que l'orage gronde dans mes bronches, ce n'est pas grave, je n'y pense pas, je compte les minutes jusqu'au petit matin, Dieu que c'est long.

Je tiens bon jusqu'à cinq heures cinquante-cinq, heure à laquelle mon corps décide de me lâcher.

J'ai eu le malheur de me relever dans le lit, très doucement pourtant et c'est à ce moment-là qu'elle s'est dit « allez on y va, à trois je l'envahis » et à trois une toux violente me terrasse, elle a convoqué ses copines les glaires qui sortent de partout, de ma bouche et de mon nez, dégoulinant sur la sonde nasale, m'arrachant la poitrine, emballant le rythme de ma toux.

Des râles puissants peuplent mon être, je sonne et j'attrape l'ardoise, j'écris J'ETOUFFE en gros et en majuscule comme un cri un SOS, l'aide-soignant arrive en courant, lit ma souffrance sur mon front, me retire le capuchon de la canule, l'air rentre tout en grand, je l'aurais bien embrassé mais je suis pleine de morve, il pose un aérosol sur mon nez, inspirez expirez la bouche ouverte madame, j'inspire, j'expire, je respire enfin, c'est un nouveau monde qui s'ouvre à moi, la forêt de Pandora, un monde où les bronches sont saines et où le mal n'existe pas.

Il y a un truc qui ne tourne pas rond.

Il y a un esprit mauvais qui grandit dans mes bronches, un gnome perfide qui sommeille et entache chacune de mes respirations, un être maléfique qui me veut du mal jour et nuit, pourtant je ne suis pas chochotte, je suis forte, ceux que je croise dans les couloirs ne crachent pas leurs poumons, pas comme moi, ils respirent et avancent normalement avec le trou dans leur trachée, silencieux et apaisés, imperturbables dans leur couloir de nage.

J'écris à Agnès sur l'ardoise verte couleur de l'espoir : la langue ça va, le bras ça va, le cou ça va, les bronches ça ne va pas. Je souligne le *ça ne va pas* pour insister. Je montre la même ardoise à Pierre un peu plus tard.

Et j'attends.

Une infirmière entre et me demande de cracher dans un tube.

Ma mère me dit : ils vont chercher.

L'ardoise verte est magique, ils ont entendu ma détresse, les quatre mots soulignés énergiquement au feutre bleu les ont convaincus, ils vont chercher.

Ils vont chercher quoi maman ?

Ils vont chercher ce qui ne va pas, cet incendie dans ma poitrine et cette toux incessante, je tends l'oreille la nuit et le jour, personne ne tousse comme moi.

Je ne peux plus continuer comme ça, je n'ai pas signé pour ça, pas pour mourir à chaque inspiration, j'ai signé pour une langue nouvelle en deux parties, c'est pour ça que je suis là.

C'est l'histoire d'une grenouille qui tombe dans une jarre remplie de lait.

La jarre est profonde, la grenouille ne peut pas remonter, elle est condamnée. Mais elle est vaillante. Alors elle se débat pour ne pas couler, elle remue ses pattes et ses bras sans s'arrêter, encore et encore jusqu'à l'épuisement. Soudain elle se sent portée, son petit corps de grenouille remonte à la surface : le lait s'est transformé en crème, elle est sauvée.

C'est cela le courage.

Moi aussi je me débats, je pagaie, je pagaie sans m'arrêter ; pour l'instant je ne remonte pas.

Je voudrais vous crier ma gratitude mais je ne le peux pas.

Quand je vous appelle désemparée à n'importe quelle heure de la nuit, à n'importe quelle heure du jour, quand je suis à bout, quand ma solidité flanche, quand mon corps n'est plus suffisamment fort pour supporter mes bronches enflammées, quand les larmes tapissent mon visage alors que je n'ai rien demandé, vous êtes là.

Vous êtes là quand j'ai besoin de vous, quand je vacille, vous ne me jugez pas, vous ne posez pas de questions, vous êtes là.

Et moi je ne vous renvoie que des crachats, des glaires et des mots en gloubiboulga.

J'ai honte de ne pas pouvoir hurler des mots normaux pour vous remercier, pour vous crier ma reconnaissance les yeux embués, je me sens nulle dans l'art du remerciement, je ne peux rien faire à part écrire MERCI en gros sur mon ardoise et joindre les mains comme Buddha.

Prendre son mal en patience.

Tu prends le mot MAL.

Tu le déplaces à côté du mot PATIENCE.

Tu passes de l'un à l'autre, tu ne t'arrêtes pas, tu scrutes les deux mots entrelacés sur ton plateau de Scrabble, tu visualises ça toute la journée.

Le MAL devrait se faire tout petit avec ses trois lettres ridicules qui ne valent rien du tout, pourtant il la ramène toujours.

Parfois la PATIENCE flanche alors le MAL s'approche d'elle et titille ses flancs pour qu'elle se remobilise. Le MAL est vicieux, il s'immisce dans tous les pores de mon corps.

Je tousse, je crache, je crève.

Je prends mon MAL en PATIENCE.

Il faut qu'on parle de cette nouvelle langue qui d'un quart d'heure en tous lieux me précède.

Elle est le fruit d'une entente cordiale entre le bout sain de ma langue, tout rosé, tout joli, et le bout de mon avant-bras, tout gonflé et tout clair. Elle est bicolore, ça me plaît, elle affiche déjà sa différence.

Elle occupe quatre-vingt-dix pour cent de ma cavité buccale, ça me plaît beaucoup moins. Je ne discerne pas grand-chose à l'intérieur à part un amas de points de sutures qui s'enchevêtrent. L'ensemble penche incontestablement vers le côté gauche, le côté de la langue saine, musclé et au taquet, il lui en faudra du temps avant qu'elle veuille bien se redresser tel un fanion guidant le monde.

En attendant je veille sur elle. Je la nettoie avec de gros bâtonnets en mousse, je tente de la faire bouger pour la préparer à demain et j'écoute tous les jours avec la même émotion son cœur battre la chamade.

Elle est avec moi. Je le sais parce qu'elle m'envoie souvent des petits spasmes de salutation, une décharge électrique fugace, petit vers qui bouge logé dans la chair, c'est subtil comme la paupière qui bat toute seule, un salut amical venant de nulle part pour me dire je suis vivante, je fonctionne, ne sois pas inquiète, nous pataugeons dans les méandres mais bientôt nous marcherons tout droit.

Ils ont trouvé une bactérie logée dans mon crachat, logée dans mes poumons.

Le pyocyanique.

Il est méchant, ça ne m'étonne pas, il a un nom tout pourri.

Ma mère crie quand je prononce son nom. A son époque le pyocyanique était l'ennemi à abattre.

Il n'était pas prévu, il s'est invité en passant par la porte de service, discrètement sans faire de bruit.

Il grandit en moi, c'est lui qui provoque ces sécrétions à outrance et le feu dans mes bronches, ils vont l'éradiquer, ils vont trouver le bon antibiotique, je ne suis pas chochotte, je suis forte, moi aussi je veux déambuler dans les couloirs comme les autres, la tête haute, silencieuse et apaisée.

Geneviève est ici en terrain conquis. Elle vient me retrouver tous les après-midis en m'apportant chaque jour un truc différent. Je l'entends arriver de loin, elle arpente le lino de l'hôpital d'un pas conquérant avec sa canne qui rythme sa foulée, bonjour par-ci, bonjour par-là et blah blah blah.

Une fois installée dans le fauteuil que je lui laisse, elle observe comme les chats. Elle guette la moindre remarque, les faits et gestes, les entrées et sorties, les sujets à commentaires, elle se revoit cinquante ans en arrière quand elle arpentait sans canne le lino de l'hôpital, d'abord infirmière puis chef.

« A mon époque on ne faisait pas comme ça », « ça va, elle t'a bien posé le cathéter, y'a rien à dire », « pfff, tu es très gonflée quand même, ils te donnent quoi comme calmants ? », « la morphine tu dis toujours oui », « le pyocyanique ça pue », « tu vois Pierre, et bien j'aurais bien bossé avec lui, il est bien ce jeune », « tu sais c'est rare un chirurgien qui passe tous les matins ».

On joue au Scrabble tous les après-midis et généralement elle gagne. Elle profite de mon état de faiblesse et de ma lenteur évidente sous morphine pour me terrasser.

Parfois je fixe mes pions de longues minutes sans cligner de l'œil, totalement anesthésiée, hypnotisée par le plateau, incapable d'imaginer la moindre combinaison à points et c'est à ce moment-là qu'elle sort son KOALA et qu'elle m'achève. Geneviève n'a aucun cœur quand elle joue au Scrabble.

Elle part en fin d'après-midi à la nuit tombée, je sens qu'elle a le cœur serré, ça va maman tu sais, ça va, tu peux le dire aussi à papa.

Il trône dans ma chambre, il fait marrer les infirmières, les aides-soignantes, les ASH, tous ceux qui pénètrent dans la 106.

Le calendrier de l'Après.

Vingt-quatre petites cases en carton entassées les unes sur les autres formant une maison. A l'intérieur de chaque case une surprise m'attend. Un mot, un Banco, une photo, une attention.

Ce matin dans la case numéro neuf j'ai trouvé des piles AA pour continuer à garder mon énergie.

Le calendrier de l'Après est un concerto imaginé à six mains, celles de ma sœur et celles de mes filles.

Quand la PATIENCE a un coup de mou, elle ouvre une case, parfois même deux, ça lui redonne du baume au cœur et de l'entrain, chaque petite case est une invitation à s'accrocher et à ne rien lâcher.

Je suis en train de réussir quelque chose qu'il m'était jusqu'alors impossible d'envisager.

Je suis en train de réussir à fermer délicatement la mâchoire en y enfermant ma langue en entier dedans, comme une huître qui se ferme proprement, sans filaments ou poils noirs qui dépassent.

Je tentais cette expérience depuis plusieurs jours mais j'échouais à chaque tentative, ne parvenant pas à dresser l'intégralité de ma langue murène récalcitrante.

Ma langue vient de rentrer dans le rang.

Comme Lee Miller sur le front de guerre, je photographie les horreurs de ma guerre.

Je capture les laideurs qui cisaillent mon corps.

Je n'ai jamais craint les horreurs, je suis un peu morbide, j'aurais dû faire médecine ou inspecteur de police.

Il faut photographier pour ne pas oublier, il faut savoir regarder en face et figer l'instant, qu'il soit moche ou élégant.

Dix janvier. Jour treize. Dieu a convoqué les cieux et leur a commandé du bleu. Il est urgent que je quitte l'étage et aille promener mes plaies.

Je descends dans le hall à petits pas, la lumière entre en grand par les baies vitrées du bâtiment tournées vers le sud, j'ai envie de faire tournoyer ma longue tunique rouge et ma trompe d'éléphant tellement j'ai la banane. Quelqu'un joue sur le piano en libre-service, je ne reconnais pas le morceau, je dirais Chopin, je n'en suis pas certaine.

Je m'installe près de la cafétéria du personnel, j'observe le flux incessant de patients, de familles, de jeunes et de moins jeunes, de sans et avec cheveux déambulant plus ou moins rapidement dans les couloirs circulaires.

Je note que la maladie vit partout dans ce lieu et pourtant, ce lieu est lumineux.

J'attends Candice.

Je ne l'ai pas vue depuis plus de dix jours, ni elle ni sa sœur, cocoonées au chaud en alternance chez leur père et à la maison avec ma sœur.

Amicie n'a pas souhaité venir, ça lui fait trop, l'hôpital, les tuyaux, la trachéo, comme je te comprends mon petit cul joli de ne vouloir voir que du beau !

J'ai rangé ma chambre et j'ai gardé ma longue tunique rouge, ça rehausse le teint.

Je sors dans le couloir à sa rencontre, nous sommes mardi, le jour sans activités, pas de gym, pas de cheval, pas de tennis, c'est le soir où l'on ne court pas pourtant j'ai envie de courir ce soir.

Je vais la retrouver dans le hall, c'est mieux de se retrouver dans le hall, ça fait moins malade, ça fait plus hall de gare où les gens se retrouvent joyeux au milieu d'autre gens joyeux.

Mais elle arrive plus vite que prévu.

Je n'ai pas le temps d'atteindre l'ascenseur, j'entends la voix de ma sœur résonner au bout du couloir, je presse le pas, je remets correctement ma trompe d'éléphant et les plis de ma tunique, j'avance et je croise enfin son regard et mon cœur de mère s'emballe à la vitesse de l'éclair, je te serre dans mes bras ma grande, comme tu es jolie, je pleure et tu pleures, tu ris et je ris, nous pleurons et nous rions devant la porte ouverte du bureau des infirmières qui versent une larme, elles aussi.

Comme dans un film.

Je ne l'avais jamais vue auparavant.

Elle est ASH. C'est écrit sur l'étiquette qu'elle porte sur sa blouse. Elle est en train de faire mon lit avec son binôme joyeux.

Je suis assise dans le fauteuil rouge, allié incontournable qui accompagne bien souvent mes nuits. L'infirmière est passée un peu plus tôt enlever le pansement de l'avant-bras pour laisser s'aérer ma morsure de requin, elle repose désormais nue sur l'accoudoir du fauteuil rouge, tournée vers le haut pour prendre l'air, tranquille pépère sans bikini au bord de la piscine.

C'est alors que je croise son regard.

Elle a vu la bête.

Elle se dit beurk c'est vilain. Elle visualise le requin qui a planté sa mâchoire aiguisée dans mon bras, elle ne dit rien, elle observe du coin de l'œil.

Je saisis son regard qui me pose des questions en silence, elle veut savoir, elle veut comprendre quelle bête folle est venue s'attaquer à mon bras innocent.

Alors ma bave et moi-même lui racontons notre épopée avec nos mots à nous qui ont bien du mal à se former, cette transat en solitaire que nous traversons, la langue, le bras, la cuisse, les bronches, Agnès et ce sont des OH et des AH que je l'entends prononcer tout en changeant la taie de mon oreiller, concentrée et appliquée.

L'intérieur de ma bouche est un terrain miné où l'anarchie a pris le contrôle.

Je passe de longues minutes à l'observer devant le miroir avec la loupiote de mon téléphone. La nouvelle langue règne en maître, imposante et fière ; à gauche le bout de l'ancienne langue, à droite la greffe, à la jointure des deux bouts des points de suture bleus, sur le côté droit au niveau des gencives, des points de suture bleus, au fond de la bouche, des points de sutures bleus.

Les maux bleus.

Mon bout de langue sain explore l'espace, il est paumé, perdu sans repères, il touche des dents qu'il ne reconnaît pas, il vacille, il ne comprend pas ce qui lui arrive, il doit trimballer un boulet dont il se passerait bien.

Et moi je dois mettre tout le monde d'accord là-dedans, prendre le relais d'Agnès, calmer les colères et entamer des pourparlers pour avoir un jour une chance de correctement parler.

Pour l'instant je parle comme Elephant Man.

Comme lui, pour de vrai. Ça sort mais c'est tout moche. Tellement moche que j'ai envie de me cacher quand je dois parler.

Mercredi, jour des enfants, jour des activités, jour qui coupe la semaine, premier jour d'ouverture d'Emmaüs, jour de joie, jour quatorze.

Petit Pierre est passé tôt avec l'équipe, il pense qu'il est temps qu'on me retire la canule. Queen Agnès passe seule peu après lui, ausculte à nouveau ma langue, palpe mon visage, confirme que je suis prête, prête à respirer comme avant et à manger normalement, prête même à sortir vendredi si tout va bien.

Elle porte un tee-shirt avec des petits lamas, c'est raccord me dis-je de porter des petits lamas un mercredi.

Un brancardier sans brancard vient me chercher à pied pour aller faire des radios, je ne sais pas de quelles radios il parle, je le suis sagement dans un nouveau dédale de couloirs.

Je pénètre dans une salle de radiologie avec des néons carrés au plafond, on me fait asseoir, ils sont trois à me regarder derrière un large pupitre vitré tapissé d'ordinateurs, je reconnais Éléonore, l'une des orthophonistes, souriante en blouse blanche.

-On va vous faire goûter des crèmes d'épaisseurs différentes pour vérifier comment vous déglutissez.

Aïe. Voilà quinze jours que rien n'est passé par ma bouche, j'appréhende.

Eléonore me tend une première crème. Sur le côté gauche de mon visage se trouve la machine qui me filme pendant que je déglutis. Je prends mon temps, je colle bien la langue au palais comme elle m'a montré, je me concentre, je déglutis comme je peux avec cette langue qui a dégonflé mais qui ressemble toujours à un cachalot.

Les crèmes qui se succèdent ont toutes à peu près le même goût, entre chocolat et noisette, je n'arrive pas vraiment à savoir, mon goût patauge dans l'à-peu-près.

Eléonore acquiesce de la tête, elle revient avec une troisième consistance un peu plus épaisse, je me concentre à nouveau, elle acquiesce à nouveau, elle dit que c'est tellement bien qu'on va essayer avec un bout de madeleine, je comprends que c'est le graal le morceau de madeleine, que ce n'est pas donné à tout le monde d'essayer la madeleine à ce stade.

Je suis toujours assise, les avant-bras sur les cuisses, entourée d'appareils inconnus qui me filment avec des inconnus en blouse blanche qui me scrutent, ils attendent de moi que je réussisse le test de la madeleine, je dois ressortir la tête haute de cette grande pièce blanche.

Je reviens sur mes pas empruntant le même chemin qu'à l'aller, un autre brancardier m'accompagne, mes foulées sont légères.

Maryvonne toque et passe sa tête blonde dans l'entrebâillement de la porte, je vous félicite Madame Aribaud, elle me donne envie de chialer Maryvonne.

Je viens de gravir l'Everest en compagnie d'une madeleine.

Maryvonne a les chocottes.

Depuis plusieurs jours elle suit avec attention les recommandations que lui donnent les infirmières et se concentre sur la masse de questions qui arrivent à elle.

Que vas-tu vérifier sur cette patiente Maryvonne ? Quelles questions faut-il que tu lui poses ? Combien de secondes dois-tu maintenir le bâtonnet appuyé sur le lambeau en bouche pour voir s'il est bien vascularisé ? Nettoie et dégage bien la table Maryvonne, tu t'apprêtes à ouvrir un champ stérile et il y en a partout !

Moi je ne bouge pas et je flippe pour elle, j'essaie de me fondre dans la masse, d'être coopérative, de ne pas la mettre en difficulté avec mes bobos à gogo, de ne rien prononcer de fâcheux, ça tombe bien c'est bien compliqué pour moi d'en placer une, je perçois son stress, je fronce parfois les sourcils en silence devant l'approximation de ses réponses, souvent je souris, elle est attachante Maryvonne.

Maryvonne ressemble à Belle des Champs, elle est joyeuse, tous les matins elle fait rentrer le soleil dans ma chambre, avez-vous bien dormi Madame Aribaud, ressentez-vous des douleurs Madame

Aribaud, je vous souhaite une belle journée Madame Aribaud.

Aujourd'hui est son jour d'évaluation. Elle a habillé son chignon d'un joli foulard coloré, petite touche délicate pour mettre tous les atouts de son côté.

C'est à elle que revient l'honneur de retirer ma canule, ce long tube plein de glaires qui m'aura fait tant de misères, elle ne tremble pas, ça va aller Madame Aribaud, c'est fini Madame Aribaud.

Il est onze heure cinquante-cinq, j'en ai fini avec l'enfer.

Maryvonne a réussi, elle vient me l'annoncer en passant à nouveau sa tête dans l'entrebâillement de la porte comme hier, merci pour tout Madame Aribaud, je vous souhaite une belle journée Madame Aribaud.

Ne jamais tenter le Kiri le soir même de la réintroduction d'aliments, c'est un challenge bien trop ambitieux.

Le Kiri est pâteux, le Kiri est fourbe, il s'immisce dans tous les recoins de ma bouche et s'installe confortablement sur le dessus de ma langue, il s'y pose en maître pour m'emmerder parce qu'il sait très bien que je ne peux pas le déloger là où il est posé, à la jonction des deux bouts de langues, cela me demande un effort beaucoup trop complexe, une souplesse que ma langue ne possède plus.

Je suis tentée de le retirer avec les doigts mais non, quel manque de classe, Geneviève compatit, je crois même qu'elle glousse là en face de moi, je ne peux pas me laisser avoir par un dôme blanc scotché au palais.

C'est à ce moment précis de difficulté que Petit Pierre arrive. Je suis mal, c'est pathétique, je ferme la bouche à clef, je ne tiens pas à lui montrer le bordel qui règne à l'intérieur.

Mais Petit Pierre s'en fout des glaires, de la bave, des râles et du Kiri, Petit Pierre me regarde d'un spectre beaucoup plus large, factuel et amical, sauf contre-indication, vous devriez sortir vendredi, tout va bien côté chirurgie, Agnès viendra vous voir demain.

Je vous bénis Petit Pierre et si le cœur vous en dit, je vous convierai bientôt à déguster une raclette à la maison, il n'y aura pas de Kiri et ma bouche ne trahira rien, elle vous le promet.

Queen Agnès est passée ce matin en coup de vent pour confirmer ma sortie du lendemain, elle est rentrée, elle a annoncé, elle est repartie, j'ai juste eu le temps de marmonner aux deux aides-soignantes qui depuis dix minutes observaient mon processus de déglutition : savez-vous que c'est elle la meilleure ?

Il est seize heures, la Queen revient. Nous allions débuter un Scrabble avec Geneviève.

Je l'accueille avec un AHHH de satisfaction que je tente de prononcer clairement en prenant soin de bien appuyer sur le boudin obstruant le trou de ma trachéo pour ne laisser aucun air s'échapper.

Elle rentre avec son casque de spéléo à la main, détendue et posée, elle porte une robe en laine noire, elle confirme qu'il est nécessaire d'enclencher un processus de radiothérapie sans tarder, vous vous reposez deux semaines et on y retourne, on vous a aussi trouvé une orthophoniste et une kiné, il faut débuter dans la foulée.

La vie d'Agnès est une vie de combats, de combats sourds et cachés entre ces murs blancs, ne jamais s'arrêter, ne jamais baisser la garde, combattre et combattre encore, et moi petit soldat amoché de la 106, j'aurai servi dans l'ombre à ses côtés pendant quinze jours sans discontinuer, dans mes bottes trop grandes et mon armure mal ajustée.

Je sors aujourd'hui. Un vendredi 13.

Je sors avec mes blessures de guerre, ma langue de bœuf, ma bouche trop petite tapissée de points de suture, mon bras amoché, ma cicatrice longiligne tout autour du cou, mes cuisses bleuies à cause des piqûres d'anti-coagulants, des stery strips bien serrés sur le trou de ma trachéo et le cathéter agrippé à la seule veine qu'on a pu me trouver.

Je mange et je parle comme une vieille mémé. Mon sourire est déstructuré. Le côté droit de mon visage est toujours tuméfié, dur et chaud ; quand je le touche j'ai la sensation d'avoir une veine de bœuf incrustée sous la peau, c'est la veine d'Hulk, c'est comme ça que je l'appelle, il sait bien ce que c'est lui cette grosse veine énervée qui gonfle quand il se transforme.

L'une des kinés passe, j'essaie de lire son prénom écrit en petit sur son badge, elle s'appelle Fabienne, elle vient me souhaiter bonne route. Et elle me dit merci.

Merci pour quoi Fabienne ? A part vous avoir craché mes glaires à la figure pendant quinze jours, qu'ai-je donc fait de si spécial ?

Vous voulez causer Fabienne, c'est d'accord, ce n'est pas l'exercice dans lequel je me sens le plus à l'aise en ce moment mais j'aime bien l'idée, je m'assieds un peu mieux sur le rebord du lit, voilà maintenant dites-moi.

Fabienne me demande si je sais pourquoi mon corps a choisi la langue.

Bien. Un peu de réflexion profonde pour donner du sens avant de partir.

Certainement pour que je me taise, c'est ce que je lui réponds.

J'aurais pu vous dire aussi que la vie me lance une bombe toute pourrie pour voir comment je vais me relever avec une langue handicapée, j'aurais pu vous confier qu'il y a un truc que je n'ai pas digéré, un truc lourd que j'ai du mal à avaler, on porte tous en soi un chagrin, une pince qui s'agrippe au cœur, l'amour un jour qui s'en va.

Peu importe la raison Fabienne, mon corps m'a rappelé à l'ordre, c'est tout. Tous les jours je me questionne, tous les jours j'en souris, je ne veux pas regarder en arrière, ça ne sert à rien de pédaler dans le passé, je vais gérer, je n'ai pas peur, je ne me suis jamais sentie aussi forte qu'à ce moment précis où je vous parle à dix-heures quinze du matin, je suis amputée de partout et ce n'est pas grave, je risque de ne plus parler comme avant et ce n'est pas grave, je ne vais pas dégringoler, je regarde tout là-haut et je frétille en pensant à cette deuxième vie un peu différente qui m'attend.

Que la force reste avec moi Fabienne, c'est ce que je me dis en croisant mes doigts en cachette sous la couverture de mon lit, qu'elle ne me quitte pas, c'est surtout ça qui est important.

Au coin des yeux j'ai des larmes qui siègent depuis quatorze heures.

Elles sont nombreuses à passer me souhaiter un bon retour et plus elles défilent, plus mon cœur se gonfle de tendresse.

Je vais craquer.

Je ne veux pas partir. Je ne veux pas les quitter, toutes celles et ceux qui rythment ma journée.

Je veux rester ici dans ce lieu clos, dans ce cocon hors du temps où je n'ai que moi à gérer, je ne veux pas reprendre ma besace posée négligemment dans un coin de ma chambre avec mes enfants, mes parents, mes clients et mes adhérents dedans, je veux continuer à me lever à six heures, je veux continuer à prendre des douches avec des sacs poubelle autour des plaies, je veux continuer à me brosser les dents avec des sucettes en mousse bleue en écoutant FIP pour que ça passe plus vite, je ne veux pas lâcher mon potage enrichi du soir, je veux encore qu'on galère à trouver mes dernières veines à piquer, je ne veux pas rentrer chez moi, je veux qu'on continue à s'occuper de moi, je veux être égoïste, encore un peu.

J'ai écrit deux lettres, l'une pour le service, l'autre pour la Queen, je les confie à une infirmière en sortant dans le couloir, le VSL n'est pas encore arrivé alors j'attends dans une petite salle en sanglotant avec mon sac bleu sur les genoux, celui que Karine m'a fait et à l'intérieur duquel elle a brodé discrètement #merde #con #putain #fuckcancer #dégagelecrabe. A mes pieds j'ai posé ma lourde besace.

Une jeune infirmière passe une tête pour me dire merci, merci pour les mots, c'est très gentil ce que vous avez écrit, ce n'est pas souvent que ça arrive, puis Christine prend sa place dans cette petite salle à la fenêtre haute, Christine qui m'a lavé les cheveux, Christine qui m'a souvent dit ne vous inquiétez pas je suis là, Christine est encore là assise en face de moi, elle me parle avec sa voix, avec ses yeux tandis que je renifle en écoutant tous les mots gentils qu'elle me dit.

Je porte un jean, des baskets et une étole pour protéger mon cou, le conducteur du VSL soulève mon sac bleu et ma besace, je le suis à reculons vers l'ascenseur, je sens en marchant le pansement de ma cuisse qui s'étire sous mon jean, je me retourne une dernière fois, ça grouille et ça s'agite dans le couloir, je les entends rire, ma langue est reconstruite et mon cœur est flagada.

Comment trouver la bonne position dans mon lit quand là-bas je dormais pratiquement assise, hantée par la peur de m'étouffer dans mon sommeil, le lit relevé au maximum de sa capacité ?

Comment trouver le bon coussin, la bonne orientation des bras, l'un enserré dans un bandage, l'autre affaibli par le cathéter dans la pliure de l'avant-bras, la bonne inclinaison du cou pour ne pas tendre la veine d'Hulk qui à tout moment peut se fâcher et réveiller les œdèmes tendus comme du béton armé, la bonne position de la tête pour alléger la pression du pansement autour de la trachéo ?

Comment accepter de renoncer à m'allonger sur le ventre comme j'ai toujours dormi toute ma vie, pour ne pas mourir asphyxiée ?

Pantin désarticulé cassé de partout, je repousse le moment de me coucher, je voudrais ne jamais être fatiguée, je voudrais être Jacques Chirac et n'avoir besoin que de trois heures de sommeil par nuit, je voudrais que le crépuscule ne chasse jamais le jour pour ne pas avoir à affronter les nuits.

Le petit matin me cueille avec une insupportable sensation d'étouffement. J'ouvre un œil la bouche ouverte, sèche comme un canyon, je dois m'y reprendre à plusieurs fois avant de faire revenir ma salive partie se reposer dans une contrée bien lointaine, je dois réveiller le mollusque qui occupe ma bouche, je me relève brusquement comme sortie d'un mauvais rêve, je prends de grandes inspirations comme là-bas, j'inspire, j'expire, il me faut de l'air, de l'air, de l'air, du jour et ne pas écraser mon cathéter.

Nous sommes confortablement installés dans le fauteuil de la grand-mère, mon plaid, Peaky, ma langue et moi et nous nous demandons bien ce que nous allons faire de cette langue étrangère que je maîtrise avec difficulté et qui m'empêche de parler comme je le voudrais.

Je pense alors à vous Alexandre Jollien.

Je ne vous avais jamais entendu parler avant de vous lire, j'avais adhéré à votre philosophie de vie, à votre douce résilience, à votre humour, à votre formidable faculté à dire très simplement des choses qui paraissent très compliquées, mais votre voix, je ne la connaissais pas.

Un jour elle est arrivée à moi, saccadée et hésitante, je me souviens très bien de l'instant dans ma voiture en route vers Uzès, je me suis arrêtée pour être sûre, sûre de percuter que cette voix était bien la vôtre, la voix abîmée de la sagesse.

J'ai très souvent pensé à vous là-bas chambre 106, un peu tous les jours à vrai dire et aujourd'hui plus que jamais c'est vous qui êtes là à mes côtés alors que le spleen s'est arrêté dans mon boudoir prendre un thé avec moi.

Qu'importe la voix, l'élocution et le débit de parole, qu'importe si les sons s'emmêlent, trébuchent et se disputent, qu'importe l'état de la façade tant que ça carbure à l'intérieur, tant qu'on peut encore développer sa pensée et coucher des mots sur du papier, tant que l'esprit reste alerte et ne s'arrête pas pour plonger.

Ma platine m'a manqué. Je me plante devant elle et passe en revue les rangées de vinyles logées dans le meuble sur lequel elle est posée, pour vérifier qu'ils sont toujours bien là et bien rangés.

Habituellement selon l'humeur un certain temps se passe avant que je déniche celui qui va m'accompagner, partager mon petit-déjeuner, un bout de mon après-midi, mon dîner, ma soirée.

Cette fois je n'hésite pas, je vais exactement là où je voulais aller, ma main me guide et va attraper celui que j'attendais, comme une urgence qui s'impose devant une cerise bien mûre suspendue à un bout de branche accessible.

Je veux retrouver Beethoven.

Je veux m'enfoncer dans le fauteuil de la grand-mère en compagnie de son Concerto pour piano numéro 4. Pas le premier ni le deuxième ni le troisième ni le cinquième : le quatrième. Je veux l'écouter religieusement en fermant les yeux, en transfusion dans mes veines fatiguées, parce que c'est un tout petit bijou qui embaume l'âme, parce que l'envolée du piano dans le premier mouvement fait exploser mon cœur dès que je l'écoute, parce que je suis pleinement disposée ce matin à recevoir du beau par brassée.

J'ai le choix entre la version de Wilhelm Kempf et celle de Maurizio Pollini, c'est Maurizio que je choisis parce qu'il sourit et qu'il est bien chic de profil avec sa veste en tweed, c'est important de se tourner vers le chic quand on a côtoyé le moche.

Ce matin je me sens bien alignée. Entre un vieux sourd et une amputée de la langue, on ne peut que se comprendre.

L'amour m'arrive de partout.

Je reçois des lettres comme avant, des foulards pour protéger mon cou des frimas de l'hiver, des manchons fleuris pour adoucir mon bras, des romans photo, des cartons remplis de trésors en provenance de la Maison de la Radio, des cartes postales du bureau, des guirlandes colorées, des fleurs, des plantes, des dessins, des eaux florales, des bougies, des chaussettes en laine, des carnets d'écriture, des confitures, des hachis parmentier fumants le mercredi jour des enfants, des paniers bio à base de pois chiches et de pois cassés, des bouillotes en graines de lin, des sucettes en chocolat que je ne peux pas encore déguster, des allez-allez on est derrière toi, des encouragements, des emojis, des injonctions à ne rien lâcher.

Je m'accroche les amis, je m'accroche, je m'accroche comme une lionne déterminée qui fixe le sommet en se disant c'est là que je veux aller.

Je montre ma langue à qui veut.

Certains vont visiter des grottes, moi j'assure des visites gratuites de ma cavité buccale. Les regards me renvoient parfois du dégoût, ceux-là ne s'attardent pas et assurent un tour rapide, soulagés de ne pas avoir opté pour la visite guidée.

D'autres y restent plus longtemps, se repèrent à la couleur, essaient de localiser le sillon et de visualiser dans ma bouche le bout de mon bras égaré, subjugués.

Votre communauté d'admirateurs s'agrandit de jour en jour Queen Agnès ; moi on ne me calcule plus, j'ouvre la bouche mais ce n'est pas moi qu'on regarde, c'est vous qu'on vénère de loin, divinité discrète qui a fait des miracles et que tout le monde chez moi nomme désormais Queen A.

Queen B remplit les stades et affole les foules, machine de guerre huilée au succès, happée par la lumière, chevelure permanentée de lionne, micro-casque pratiquement greffé sous la peau pour pouvoir chanter tout au long de la journée, la voix au diapason des octaves.

Queen A passe son temps à chercher son casque de spéléo égaré dans je ne sais quel bureau, le cheveu relevé en pagaille distinguée, en blouse blanche sobre, éviter de prendre la lumière, à quoi ça sert de prendre la lumière, raser les murs pour ne pas être reconnue, rougir quand un compliment arrive, faire son boulot mais ne pas se vanter de faire du bon boulot, opérer, découper, prélever, modeler, rechercher, enseigner, travailler, travailler, travailler, ne jamais s'arrêter.

-Au début ça ira, les effets indésirables se feront sentir au bout de la troisième semaine, vous allez perdre le goût et la salive, des aphtes et des brûlures vont tapisser votre bouche, vous serez souvent fatiguée, il sera difficile de vous alimenter ; il y a trente séances, une chaque jour sauf le week-end, on commence dans quinze jours.

Je suis sortie il y a à peine cinq jours et me voilà à nouveau dans le bain face à Céline. Céline me vend du rêve. Le ton est donné, je viens de terminer une bataille, je m'apprête à en débuter une nouvelle, pas de pause.

Je quitte la radiothérapie, je longe les grands couloirs blancs en hésitant parfois, tentant de retrouver la salle d'attente de l'accueil n°3 tout en me demandant ce que la nutritionniste me dira tout à l'heure, j'ai maigri, ce n'est pas bien je le sais, comment garder un poids stable avec des bouillies et des smoothies.

Le pas vif de Queen A me tire de mes pensées. Elle porte des talons, ses pas sont décidés, pile électrique enclenchée, elle trace dans le couloir, elle approche, elle est là, elle appelle le prochain patient, je croise son regard du fond de la salle, ma langue tressaille de joie en la voyant, elle reconnait celle qui l'a modelée et parvient à formuler un bonjour pâteux et hésitant en réponse à son bonjour joyeux. J'aurais tellement aimé faire mieux.

C'est mon tour.

Queen A découpe avec entrain le pansement de mon avant-bras, elle est satisfaite en découvrant ce qui s'y cache, elle trouve ma morsure toujours aussi jolie, elle s'attaque maintenant au pansement qui protège le trou de ma trachéo, c'est très bien, vous continuez les soins, on attaque la radiothérapie, je vous revois dans trois mois. Et je vous suivrai pendant cinq ans.

Je file à côté dans le box des infirmières pour qu'elles inspectent et nettoient mes plaies, je flotte dans le couloir qui m'y mène.

Et je vous suivrai pendant cinq ans.

Je prends conscience dans ce couloir que je ne serai pas seule.

La Queen sera à mes côtés, de loin mais à mes côtés, un point de repère, un phare, une bouée à laquelle me raccrocher si je venais à sombrer, je ne veux pas sombrer mais on ne sait jamais, c'est plus prudent de nager avec une bouée.

C'est l'heure de l'apéro.

Je scrute les différents bols qui composent le plateau. Les olives, je ne peux pas, la saucisse sèche, je ne peux pas et je ne peux pas non plus noyer ma face de Frankenstein dans un bon verre de vin, ce n'est pas compatible avec l'antibio que l'infirmière vient m'injecter trois fois par jour en intraveineuse pour éradiquer le pyocyanique.

Il me reste les Monster Munch saveur barbecue.

Ils me tendent les bras avec leurs gros yeux globuleux qui ensorcèlent. Pas besoin de préciser qu'ils me font saliver, je salive quoiqu'il arrive.

J'essaie de me projeter et d'analyser ce qu'ils donneraient en bouche comme chez un étoilé qui a le don de séduire avec des textures qui surprennent. Ils devraient fondre comme une hostie et se transformer en bouillie, voilà ma première analyse. Mais à quoi vais-je ressembler s'ils se collent au palais comme le Kiri et restent planqués là-haut les bras levés, comment m'en sortir indemne avec un échafaudage de bouillie, voilà ma seconde analyse. J'ai un rang à tenir quand même, mère de famille digne qui bave devant des bols qu'elle ne peut pas toucher.

Au diable la dignité.

Je suis en train de vider le bol de Monster Munch, élégamment, lentement et sans bruit avec la satisfaction ce soir d'être un peu comme les autres.

C'est avec une très grande patience que Marie masse ma veine d'Hulk. La cicatrice est longue, elle part du bas de l'oreille droite et s'arrête au milieu du cou, elle est dure, très dure. Marie tente plusieurs fois par semaine de l'assouplir, de décoller les adhérences, elle draine sans discontinuer pour que la lymphe circule mieux et que l'œdème diminue.

Elle ne touche pas encore à ma morsure de requin qui n'a pas totalement cicatrisé, elle ne fait que la caresser du regard mais elle va bientôt s'y atteler, nous pourrons alors continuer à papoter elle et moi.

Marie est un peu une psy, elle soigne mes bobos et accueille mes mots chaotiques trois fois par semaine, elle doit avoir la tête farcie le soir en rentrant mais elle continue à sourire en me voyant, alors je continue à délier ma langue chez elle ; chez elle, ma langue se sent drôlement à l'aise.

Je n'ai pas tardé. Je dois désormais réapprendre à correctement parler. Pas approximativement. Pas moyennement. Entièrement. A la perfection. Ca tombe bien, je déteste l'imperfection.

Je retrouve désormais Charlotte le mardi et le jeudi. Charlotte soigne son articulation quand elle parle, elle accompagne son élocution de jolis gestes, elle fait danser les sons avec ses mains.

Ensemble nous travaillons. Je ne vais jamais en touriste chez Charlotte, je travaille comme une forcenée et en ressors épuisée.

Le X, le S et le CH sont mes ennemis. Les prononcer avec difficulté me renvoie en pleine face la mobilité de mollusque de ma làngue.

Alors je fais la cocotte-minute en débutant par le T et en rajoutant progressivement le CH, TCHEU TCHEU, TCHEU TCHEU, TCHEU TCHEU, ça ressemble aussi au chant de la cigale, ça dépend de comment on se place, à force de faire la cocotte-minute ou la cigale je parviens enfin à prononcer un CHEU décent.

Je passe ensuite au X, pas facile le X. J'enchaîne le KEU au SEU en tapant au fond de la bouche et en revenant, de plus en plus vite, KEU SEU, KEU SEU, KEU SEU sans s'arrêter. Au bout d'un moment ça fait un KSEU et puis un X. Puis je fais la même chose avec le GUEU et le ZEU, de plus en plus vite, GUEU ZEU, GUEU ZEU, GUEU-ZEU sans m'arrêter. Au bout d'un moment, ça fait un GZEU et puis un X, ça aide à prononcer le mot exercice.

Je déteste le mot exercice.

En fin de course je ramène la langue à l'intérieur pour tenter de prononcer un Z limpide avant d'ouvrir les lèvres pour tenter de faire siffler le S sans les lèvres. Sauce soja est mon défi. Les filles se moquent ouvertement de moi. C'est ingrat un enfant. Mais on rit, ça allège l'ingratitude.

J'ai demandé à Amicie de me faire une jolie page de garde pour le classeur de l'Oncopole, ma bible du moment.

Elle y a mis tout son cœur, il y a des étoiles colorées et au milieu de la page la bouche des Rolling Stones, la bouche qui tire la langue effrontément, la bouche rock'n'roll qui défie le monde et se fout des convenances.

En dessous elle a écrit au feutre bleu : PACHE DE GARDE

Ce n'est pas une erreur. Je lui ai vraiment demandé une pache de garde.

Charlotte, nous avons encore du boulot vous et moi.

Très souvent je convoque mon cerveau, je l'invite à échanger en toute amitié.

Je lui demande de reconnaître et d'adopter officiellement cette langue singulière. Pour l'instant, il résiste. Une fois qu'il aura capitulé, je ne me lèverai plus le matin en me demandant quelle est cette patate qui siège dans ma bouche, je me lèverai en me demandant s'il vaut mieux que je lance une machine de blanc ou de foncé.

Pour l'instant je tourne en cycle essorage longue durée.

Me voilà allongée à l'entrée du scanner. On me pose un nouveau cathéter dans la seule veine à peu près potable qu'il me reste. Ce matin j'ai droit à une séance de Mako moulage du visage pour donner corps au masque qui accompagnera mes séances de radiothérapie. Du sur-mesure pour protéger les zones du visage qui ne doivent pas être irradiées.

Elles sont deux infirmières concentrées à s'occuper de moi, elles posent sur mon visage une plaque de plastique souple et jaune qu'elles fixent sur les côtés, c'est chaud, je suis au Spa, peeling de la peau en cours, ne pas déranger, il ne manque qu'une petite odeur de monoï pour que je me sente vraiment très loin.

Elles me demandent de ne pas bouger. L'une d'elles m'injecte le produit de contraste, celui qui donne envie de faire pipi, le tapis du scanner m'avale dans son antre, je sens le masque qui durcit autour de mon visage, autour de mes yeux, j'ai envie de m'endormir enserrée par des mains invisibles qui saisissent mes joues.

Ne bougez plus, ne déglutissez pas. Les injonctions arrivent dans mes oreilles.

J'ai envie de leur dire objection les filles !, c'est vachement difficile de ne pas déglutir dans la position allongée, c'est même un calvaire, révisez votre copie je vous prie, parce que mon mollusque de langue appuie sur le fond de ma gorge quand je suis allongée, alors pour ne pas avoir l'impression d'étouffer je dois déglutir souvent, vraiment souvent, si vous voulez on échange, je vous prête un peu ma langue et vous verrez à quel point c'est compliqué de ne pas déglutir quand on est allongé.

Je me concentre comme un jour d'examen pour garder ma salive prisonnière, ne pas avaler, ne pas bouger, ne pas éternuer, compter les moutons en silence et prendre son mal en patience dans un caisson fermé avec sur la gueule un masque de fer en train de durcir.

Vous pouvez déglutir.

Je les aurais embrassées tendrement avec les bras, avec les joues, avec les yeux.

La lumière m'éblouit en sortant du caisson, elles retirent à l'unisson le masque durci qui a épousé mon visage, elles le posent délicatement sur l'étagère aux côtés des autres masques de fer.

Il porte désormais mon nom.

Mon cœur de patiente se gonfle de fierté.

Queen A vient d'être élue Toulousaine de l'année, ex-aequo avec une autre candidate tout aussi brillante qu'elle.

La reconstruction totale en 3D du nez de la patiente atteinte d'un cancer des fosses nasales a réveillé les consciences des Toulousains.

Ô toi Toulousain, être intelligent qui sait te mobiliser pour le Stade et le TFC mais pas que, je salue ici ton bon sens et la pertinence de ton choix.

Je l'observe sur la vidéo de remise des prix, toute menue, l'humilité chevillée au corps, se demandant certainement ce qu'elle fait là, plus à l'aise sous les néons des blocs qui rendent le teint tout moche que sous les flashs médiatiques qui mettent Queen B en transe. Elle sourit, pour son équipe présente dans la salle, pour ses filles agrippées à sa robe et moi je me faufile dans la foule par la pensée, je vole au-dessus de l'assemblée et à défaut de pouvoir hurler « ma nouvelle langue c'est elle qui l'a faite !! », j'applaudis comme une dératée car aujourd'hui est un jour de fête.

Février

Il serait opportun de suggérer à Philippe Delerm de rajouter ce délice dans sa liste de plaisirs minuscules :

prendre une douche normale, nue et debout,

sans sac poubelle scotché à la cuisse,

sans sac poubelle scotché au bras,

sans avoir peur d'abîmer une plaie,

sans avoir peur de mourir étouffée,

en laissant couler l'eau sans compter,

debout les yeux fermés.

Ce plaisir me touche en février.

Mes dents du bas portent désormais une gouttière transparente pour protéger ma langue irritée, lassée de les côtoyer à longueur de journée.

Cela manquait à ma panoplie, il me fallait bien une couche de plus pour asseoir mon lien de parenté avec Hannibal.

Cela dit, elle est discrète et fait le job, c'est mon protège dents à moi, quand je la retire pour manger je me prends pour Dupont, j'ai l'impression de quitter le terrain la tête haute après avoir bataillé deux mi-temps d'affilée pour convaincre mes dents de foutre la paix à ma langue convalescente.

Je viens de terminer mon sachet de Frésubin Céréales Instant Miel. C'est la nutritionniste de l'Oncopole qui me l'a conseillé là-bas quand mâcher était compliqué, quand déglutir était un exercice périlleux.

Tous les matins je mélange mon Frésubin Céréales Instant Miel avec du lait chaud et du Délical au chocolat, soignant les dosages comme un chimiste pour arriver à la perfection, à une texture soyeuse pas trop pâteuse ne nécessitant aucune mastication.

J'ai fini le sachet ce matin, je devrais me réjouir, je n'en ai plus besoin, je mange pratiquement de tout, je mets du temps mais je mâche et déglutis sans y penser, en prenant mon temps, tout simplement.

Je n'en ai plus besoin et pourtant j'ai un mal de chien à me défaire du sachet vide, c'est absurde de m'être attachée à cette denrée ultra nourrissante destinée aux patients dénutris.

Tout ce qui me raccrochait à l'hôpital est en train de s'évaporer, les points de suture que je crache un peu plus chaque jour en me brossant les dents, le Mepilex Border Flex qu'il n'est plus utile de poser sur la plaie de ma cuisse, les stigmates des piqûres sur mon bras qui s'effacent et le Frésubin dont je n'ai plus besoin.

Tout avance et j'ai parfois envie de reculer. J'ai la nostalgie de la période compliquée.

Appelez-moi un psy s'il vous plaît.

Un petit dédale de couloirs me mène dans la pièce principale où se trouve l'appareil circulaire, là où on embarque pour le voyage. Il se nomme Halcyon 8, c'est un accélérateur de particules.

Je suis dans Avatar.

Je m'allonge sur la table, à l'entrée de l'appareil. Au plafond un palmier majestueux, des nuages et un ciel bleu. De la musique aussi. Les manipulatrices arrivent, mon masque de fer à la main. Elles le positionnent sur mon visage, l'une à droite, l'autre à gauche et chacune de leur côté, à l'unisson, l'accrochent sur les bords de la table en tirant. C'est très serré, je ne peux pas bouger, mon visage doit rester immobile, je ne peux plus déglutir, je ne peux plus parler, les petites mailles en plastique du masque se plaquent sur mon visage, épousent ma peau, je suis encerclée, contenue, empêchée.

Elles me disent à tout à l'heure et elles s'en vont.

Je fixe le palmier. L'appareil démarre, je suis happée à l'intérieur de la machine jusqu'au petit repère que je retrouve chaque jour avec plaisir, comme un vieil ami, c'est un hexagone intégré dans le PVC du toit de la machine, on ne sait pas ce qu'il fait là, paumé dans la masse, mais moi je l'aime bien.

Pas de bruit sauf Sting.

La machine se lance, petit clic de décollage, la table bouge et se cale. Puis rien. Juste l'hexagone, le moteur qui tourne, Sting et ma tête compressée dans le masque de fer mais qui en fait est en plastique. Au loin j'entends un autre léger clic et devine le halo du petit voyant lumineux qui passe au rouge comme dans un studio radio, je retrouve mon univers, On Air, c'est parti.

L'accélérateur entre en action et libère ses rayons, ils traversent ma peau, mes tissus, on ne voit rien, on n'entend rien, on aimerait du grand spectacle, des lasers, des cracheurs de feu, mais non, rien.

Le voyage dure deux minutes, pas plus. Le halo du petit voyant lumineux repasse au vert, le bruit de décollage cesse, la table ressort de la machine et redescend d'un cran, je retrouve mon palmier, les manipulatrices reviennent, décrochent le masque, je déglutis, souris, remets mes cheveux en place et on se dit à demain.

C'était ma quatrième séance. Encore vingt-six.

Ma morsure de requin est désormais à l'air libre, totalement cicatrisée. L'hiver m'aide à la camoufler sous mes pulls amples. Quand je sors, je l'habille, je la mets sur son trente et un, je la recouvre d'un foulard en soie ou en cachemire, elle mérite la plus douce des attentions.

Elle n'est toujours pas terrible avec son dénivelé cabossé, on dirait le chantier abandonné d'un trou de piscine. Et pourtant je commence à l'apprécier, imparfaite, rugueuse et toute rosée, je suis à deux doigts de la trouver jolie, je sens Agnès sourire derrière son masque bleu.

Je suppose qu'Albator ne fait plus gaffe à son œil, que Grand Corps Malade a accepté sa canne et que Djamel se fout de sa manche ballante. De nos imperfections naît une force nouvelle : il ne peut plus rien nous arriver.

Le temps n'a pas la même saveur quand on a le temps, quand on se retrouve devant un temps béant qui te tend les mains et te dis viens n'attends pas que je passe trop vite, saisis-moi là tout de suite maintenant.

Tu hésites.

Cela fait bien longtemps que tu n'as pas eu le luxe d'avoir du temps.

C'est prudemment que tu mets un pied dedans, tout doucement en te méfiant, le bain est trop chaud, attends encore un peu, alors tu sors ton pied, tu le remets, tu le ressors, tu le remets, ton corps apprécie, il en redemande, alors tu sautes dedans à pieds joints sans culpabiliser, sans te poser de questions, tu le prends simplement ce temps que la vie glisse dans tes poches sans avoir prévenu avant.

C'est l'hiver indien. Mon hospitalisation a débuté fin décembre dans une chambre baignée de soleil ; je ne me souviens que de journées merveilleusement claires quand je crachais mes poumons chambre 106 puis quand je suis sortie quinze jours plus tard, il faisait encore beau.

Nous sommes mi-février, les radiateurs sont à l'arrêt, je déjeune dehors, le chat à mes pieds, les poules ne sont pas très loin, elles grattent le sol tout sec, il n'a pas beaucoup plu en janvier.

Dans cette aventure tout me semble lumineux, le temps, les sourires que je croise, les mots qu'on m'envoie, mes cicatrices qui changent de couleur, même la secrétaire revêche de la radiothérapie, celle que tu fais royalement chier quand tu t'adresses à elle, celle qui ne te regarde pas dans les yeux quand tu lui parles, je la trouve attachante.

Je vous souhaite mes filles d'hériter de ces gênes, de vous réjouir d'un rien et de voir du beau partout, même quand la langue pique et que les autres grincent.

Luleth n'est pas toute jeune mais elle n'est pas vieille non plus, Luleth n'a pas d'âge. Son nom se chuchote et se transmet religieusement, se note sur un bout de papier, précieux sésame pour tous ceux qui y croient.

Elle me reçoit dans son petit cabinet au rez-de-chaussée de ce quartier populaire de l'ouest toulousain. Une banquette et des chaises à l'assise rouge, un bureau avec un agenda ouvert, un téléphone, des mouchoirs et des boîtes de compresse. Et au milieu Luleth dans sa blouse bleue, toute menue, penchée vers l'avant et perchée sur des hauts talons carrés.

Luleth touche le côté droit de mon visage, balade ses mains sur ma veine d'Hulk, lentement, fait la même chose sur ma morsure de requin, la caresse du poignet jusqu'à la pliure du bras avec une infinie douceur comme une maman soignerait son enfant.

Tout en apposant ses mains sur mon cou, sur mon visage, Luleth me raconte son histoire. Je pose des questions, peut-être trop, c'est mon défaut. Mais elle répond et plus elle m'en raconte, plus mon cœur se serre. Il est bien lourd ce passé que Luleth trimballe dans son dos, tellement lourd qu'elle n'a pas le choix que de donner ce qu'elle n'a pas reçu, de l'attention, de l'écoute, de la considération.

Luleth attrape une compresse stérile et s'assied. Elle ouvre l'opercule, défait les différentes couches de compresses, les empile à sa façon pour en faire un petit accordéon puis elle malaxe, joue sa partition sans parler et refait ça deux autres fois.

Elle glisse la première compresse accordéon dans l'armature de mon soutien-gorge, au niveau du plexus, m'en accroche une deuxième dans le dos sur l'étiquette de mon tee-shirt et me donne la troisième, vous prenez ça avec vous, vous vous la passerez après chaque séance de rayons.

Va Luleth, je prendrai soin chaque jour de les porter consciencieusement pour couper le feu que vous tentez de m'enlever, l'une lovée entre mes deux petits seins, l'autre suspendue à une épingle à nourrice dans mon dos et la dernière en me caressant le cou avec en attendant la semaine prochaine où vous m'en donnerez de nouvelles.

Petite Luleth, je ne vous vois que pour la troisième fois, je vous prends dans mes bras et vous serre contre mon cœur.

Moi je suis comme Marguerite Duras, je pense que la seule chose au monde qui vaille la peine de s'agenouiller, c'est l'amour, que sans amour on n'est rien du tout.

La voix de Fanny Ardant devrait être prescrite dans tout traitement longue durée. En plus du Doliprane, de la cortisone et de la morphine. Imposée même. Sans modération, matin, midi et soir. En intraveineuse. Avec tacite renouvellement. Petit bonbon suave qui endurcit l'âme.

La voix de la hargne contenue, de la rage distinguée, du non renoncement, de l'ordre non établi, du cheval lancé au triple galop ne s'arrêtant qu'une fois épuisé, la voix de l'amour passionné, des larmes et des embruns, la voix qui te prend la main, la serre fort, celle qui te dit en murmurant au creux de l'oreille : continue ton combat, ne lâche rien.

Je l'écoute parler dans A Voix Nue, dans un long entretien donné à Philippe Bresson sur France Culture en 2016. Elle m'accompagne lors de mes trajets retours de l'Oncopole. A l'aller, je bosse, je travaille ma diction, les TREU, les GREU, les CHEU. Au retour, après avoir passé en revue l'alphabet à l'aller, après avoir voyagé dans Halcyon 8 et pris ma dose de rayons, c'est ma récompense : j'écoute Fanny Ardant parler.

Parfois, alors que je suis déjà arrivée, je reste dans la voiture un long moment, à l'arrêt, je l'écoute parler, encore et encore, anesthésiée, revigorée, jusqu'au bout je repousse le moment de la quitter.

Mars

Dans ma bouche c'est la mer morte, il y a un bloc de sel logé en permanence qui déploie ses cristaux dans le moindre interstice, sur la langue, sur les gencives, dans la salive.

Je ne sens plus le sucre, seul le sel.

Je sucre mon café, il a le goût de sel, je bois de l'eau, elle a le goût de sel, je me brosse les dents, ça a un goût de sel.

Ma langue est en croûte de sel. Comme un bar.

On m'avait prédit la fatigue, la perte de salive, la perte de goût, les brûlures, les aphtes, les irritations, l'œdème sur la langue, les rougeurs sur la joue, la douleur, la difficulté à déglutir, la perte de poids, la difficulté à parler. On ne m'avait pas parlé du sel alors je focalise encore plus sur le sel, c'est débile.

Je ne suis pas fatiguée. Je n'ai pas perdu ma salive. Je déglutis bien. Je mange de tout. Je ne perds pas de poids. J'ai une peau de bébé pas brûlée, Luleth vous êtes sacrée.

Mais ma langue est en croûte de sel.

Ma langue rebelle en croûte de sel double de volume après chaque séance de rayons, ma salive ressemble à du yaourt bulgare, des aphtes tapissent ma bouche un peu partout sur les parois où ils peuvent s'aggripper et les sons qui sortent de ma cavité buccale sont désormais pâteux moches dégueu.

Il en faut du mental de grenouille pour accepter de régresser alors que tout avançait.

Pour contenir l'inflammation, je baigne ma bouche sans discontinuer en mode brasse coulée dans une mer déchaînée, un coup dans le bicarbonate de sodium, un coup dans la cortisone et au milieu de tout ça le rugueux Glyco Thymoline 55 fait office d'arbitre.

Plus je me baigne plus je contiens la douleur et plus le goût du sel se répand dans ma bouche, ennemi omniprésent qui hante ma vie.

Il est urgent pour moi de rejoindre les grenouilles et de muter en truite d'eau douce.

L'addiction ne prévient pas, tu ne la remarques pas, elle est là mais tu ne la vois pas, elle encercle ton quotidien insidieusement jusqu'à ce que tu te réveilles un matin en nage en te disant je suis accro.

Je suis accro au stick à lèvres.

J'en suis à mon deuxième stick en une semaine. Si je le perds de vue, je panique. Je viens de passer à la vitesse supérieure comme une droguée obnubilée, j'en ai mis un dans mon sac, un dans ma voiture, un autre dans ma salle de bains, l'autre sur ma table de chevet. Il y en a partout, dans tous les coins et les recoins, le stick à lèvres est devenu essentiel à ma vie comme les clefs de voiture, le chocolat et les chargeurs de téléphone.

Mes lèvres s'assèchent d'un coup d'un seul comme du papier cuisson oublié dans le four. Ça arrive très vite, ça ne prévient pas, je sens la sécheresse aspirer l'humidité de mes muqueuses et c'est dans la minute que je dois tartiner en urgence mes lèvres du stick le plus nourrissant du monde, au beurre de karité, au gras de yack, au beurre de cacahuète, au gras de loutre, à tout ce que vous voulez, il en va de ma survie.

Queen A, revenez, et greffez-moi un stick à la place d'un doigt.

Je ne sais pas si c'était mieux avant mais avant on se battait pour aller chercher le courrier et c'était le fait le plus marquant de la journée.

Je me souviens d'avoir senti mon cœur palpiter en tenant dans la main une carte postale ou une enveloppe à mon nom avec un vrai timbre dessus, ni rouge ni vert, un timbre qui représentait quelque chose, un tableau, un clocher d'une capitale, une figure historique, peu importe, avec une écriture manuscrite reconnaissable entre mille, penchée et furieuse comme celle de Jérôme, ronde et poétique comme celle de Joseph, au bic, à l'encre, au crayon à papier, sur des feuilles découpées dans des cahiers d'écolier, sur du papier velin épais et granuleux, des lettres et des cartes postales que j'ai gardées dans des boîtes à chaussures recouvertes d'un tissu coloré, vestiges d'un temps qui n'existe plus.

L'écrit habitait nos vies, témoin silencieux de remords et de regrets, de souvenirs de vacances, d'illusions perdues, d'amour plus ou moins raté, de sentiments qu'on ne voulait pas oublier, joliment couchés sur du papier.

C'était mieux avant je crois.

Au milieu du Télex de la commune et d'une pub pour une rénovation de façade, il y a une grande enveloppe sur laquelle je reconnais l'écriture enlevée de Fabienne.

Fabienne est comme moi, elle trouve que c'était mieux avant, quand on ne communiquait que par écrit.

Alors Fabienne m'écrit plusieurs fois par mois depuis qu'elle a appris la nouvelle, des pages et des pages tartinées à l'encre noire qu'elle glisse dans une grande enveloppe en papier kraft.

Je ne me précipite jamais pour l'ouvrir, j'attends le bon moment pour la décacheter avec un ouvre-lettre comme avant que je range ensuite dans un pot à crayons en bois exotique.

Fabienne habite dans le seizième et prend des cours de tir, parfois elle m'envoie ses cartons de cible pour que je juge de ses progrès au pistolet à plomb en attendant qu'elle puisse acquérir son 22 long rifle qu'elle rangera un jour au coffre avec ses bijoux de famille.

Comme sa vie n'est pas assez remplie, Fabienne vient de s'engager pour aider les plus démunis, en vrai, pas pour faire joli. Non contente de servir le petit-déjeuner aux SDF du quartier, elle va rendre visite à des vieux le soir en semaine ou le week-end, des vieux qui sont seuls et que personne ne vient plus voir, des vieux que l'on oublie, comme Monique, quatre-vingt-douze ans, démente mais joyeuse.

Il faut avoir un sacré cœur pour donner autant avec une vie aussi remplie.

Comme elle est cultivée, Fabienne m'envoie des articles intelligents qu'elle découpe dans des journaux ou des magazines, des poèmes qui la touchent, des nouvelles de la Maison Ronde, c'est elle qui me tient à jour des révolutions de notre époque et des folies de ce monde.

Fabienne vient de se lancer dans *A la recherche du temps perdu*, c'est ce qu'elle m'écrit dans sa lettre reçue aujourd'hui, elle force mon admiration, moi dont l'exemplaire attend toujours au pied de mon lit.

Fabienne dessine aussi, vachement bien même, ses dessins accompagnent souvent son humour qu'elle parvient à glisser avec beaucoup de subtilité au milieu de ses mots entrelacés.

Hier j'ai acheté une corbeille en osier.

J'y ai rangé toutes les lettres de Fabienne.

La corbeille ne sera bientôt plus assez haute pour y ranger ses missives et aussi son cœur, tout aussi grand que ses lettres qui s'empilent.

Parfois c'est silencieux. Pas triste. Juste silencieux. Les uns plongés dans leur livre, les autres les yeux perdus dans le vide.

Parfois la discussion débute. On ne sait jamais trop comment ça part mais ça part et ça galope comme une très bonne nouvelle qu'on colporte.

Pas de barrière, pas de freins, pas de gêne : l'appartenance tacite à la même communauté donne le droit de questionner l'autre sans tabou, de le regarder droit dans les yeux sans paraître indiscret. L'autre répond sans hésitation parce que nous sommes des frères et des sœurs d'un même sang, elle dit le sein, la langue, il dit la mâchoire, le larynx, il raconte sans sourciller, il retire son écharpe pour montrer sa plaie, il mime avec ses mains ce qui lui est arrivé, quel que soit l'âge ou le sexe, le moment de la journée, pas de retenue, nous racontons nos épopées en salle d'attente, du lundi au vendredi, campés sur nos sièges nous écoutons les douleurs, les brûlures, les séquelles et les peurs, unis par la même odyssée, par le même chemin de croix, tu sais, je sais, nous savons ce que nous endurons.

Dans ma vie d'avant je me concentrais sur l'optimisation du temps dans une journée, jonglant pour essayer de faire rentrer au chausse-pied le maximum de choses en vingt-quatre heures. Optimiser, toujours optimiser ce temps qui manque.

Avant je me concentrais sur mes recommandations clients, j'ai un brief, j'ai une problématique, j'ai une cible, je propose le meilleur dispositif, le plus adapté, le plus pertinent, toujours avec l'objectif en ligne de mire.

Avant je me concentrais sur la diversité des repas, voyons souviens-toi, j'ai mis de la patate douce dans ma dernière soupe alors cette fois je mettrai du potimarron, pour changer.

Aujourd'hui je suis assise devant Charlotte, je me fiche d'optimiser mon temps, je ne pense plus à mes clients et je glousse tout haut si le potimarron revient souvent dans mes soupes.

Aujourd'hui je dois me concentrer pour essayer de faire le tour complet de mes lèvres avec ma langue. Doucement. En découpant bien le mouvement et en prenant soin d'amener le bout de la langue dans les deux coins, à la commissure des lèvres.

Je déglutis et je me racle la gorge comme si j'allais débuter un discours de la plus haute importance à l'ONU. Je prends une grande inspiration aussi.

Charlotte est devant moi, elle me regarde fixement, je ne peux pas la décevoir après ces semaines de travail, je ne peux pas me décevoir non plus, je dois réussir ce mouvement très simple qu'un enfant de trois ans est capable de faire sans réfléchir dès qu'il a un peu de chocolat tapissé sur les lèvres, sans se concentrer, sans penser à ses lèvres, sans penser à sa langue, juste au chocolat qui le régalera quand il aura réussi en trois secondes à faire le tour de ses lèvres avec sa langue, quand moi je vais mettre cinquante-cinq secondes après un effort que je qualifierai d'éprouvant, la mâchoire en vrac mais le sourire aux lèvres.

Il me reste deux séances, lundi et mardi.

Mardi c'est la dernière séance, coucou Eddy, emmène-moi dans un western spaghetti, j'ai besoin de galoper très loin pour échapper au conflit armé qui se joue à l'intérieur de ma bouche.

Il a débuté à la vingtième séance quand les pourparlers ont échoué ; chez certains les négociations échouent dès la troisième séance, moi j'ai réussi à négocier ou peut-être qu'une bonne étoile me suit de là-haut sans moufter.

Des picotements lancinants occupent le côté droit de ma bouche, insidieusement, grimpant sur les lésions rouge vif comme des soldats conquérants. Ça pique sévère, ça pique acide, c'est un peu comme si je suçais à longueur de journée les bonbons soucoupe volante acides de mon enfance sauf que les bonbons sont salés, ça pique toujours salé.

Manger trop chaud m'irrite alors je mange tiède, je bois tiède, ce n'est pas bon le tiède, ça ne me fait ni chaud ni froid, c'est insipide, ça va de pair avec le goût que je perds, le tiède c'est comme le gris, c'est moche.

Le matin j'ai arrêté la tartine, trop agressif, j'ai ressorti le Frésubin, régression ultime, je suis repartie dans la composition de ma mixture hyper protéinée pour me permettre de tenir quelques heures sans flancher.

Je n'attends qu'une seule chose, que le soir arrive, comme les loups et les chauves-souris, le soir, instant de paix qui m'amène avec douceur vers le coucher. Je me sens partir sur mon livre comme une vieille au bout de sa vie, mes paupières s'alourdissent, la force me quitte, l'opium fait son effet, j'oublie le sel, les picotements permanents, la gêne dans la diction, je tombe et dors d'une traite, soulagée par la morphine qui m'aide à tenir jusqu'au petit matin, instant de supplice où je dois remettre ma bouche en état de fonctionner, pachyderme englué dans un filet de salive épaisse.

Je me réveille tôt avec les filles alors que je n'ai plus à me presser, je n'ai plus à aller à l'Oncopole, je pourrais les laisser se débrouiller seules le matin mais je tiens à les cueillir au réveil, à les voir partir prendre le bus sans avoir fermé leur blouson jusqu'en haut, t'inquiète maman on le fera sur le trajet, à refermer la porte qu'Amicie laisse toujours ouverte.

Il est neuf heures huit quand je me sens faiblir. Ce n'est pourtant pas une heure pour avoir sommeil.

On m'a répété que je ne devais pas lutter alors je ne vais pas lutter.

Je retourne dans ma chambre et me blottis dans mes draps encore tout chauds, j'ai laissé un volet ouvert pour faire illusion, pour me persuader que c'est un malentendu, c'est juste un petit roupillon que j'entame pour accompagner ce coup de mou qui m'envahit.

Je me réveille à treize heures quinze complètement ensuquée, un train m'est passé dessus, je me sens ahurie, hébétée, Peaky dort à mes côtés.

Quand le traitement s'arrête, quand la pression redescend, quand on n'a plus à courir tous les jours au même endroit, on devient une petite loque sans force et sans teint, un petit truc qui ne ressemble à rien.

Il faudrait le noter dans les manuels pour les prochains.

Un chasseur sachant chasser fit sécher ses chaussettes sur une souche.

A cet instant précis nous convenons avec Charlotte que j'en chie avec les CHEU. Pas la peine de le nier, autant se marrer, mon CHEU est châtelain. Il n'est pas moche, il n'est pas impossible à prononcer, il est juste châtelain, point.

Quand je m'engage sur le CHEU, je sors mon destrier et mes bottes en cuir telle une châtelaine perchée dans son château avide de chasse à courre et de sushis.

Mon CHEU en fait trop, je dois tenter de le rendre plus populaire. C'est la chienlit.

Avril

Hier j'ai parlé et parlé dans le gymnase, j'ai encouragé les petites, j'ai crié pour les féliciter, toute la journée je n'ai pas arrêté.

Comme avant.

Je me retrouve aujourd'hui avec un poisson lune au milieu de la bouche.

Tout est gonflé.

Tout est enflammé.

Tout pique.

Ma langue n'est pas encore prête à concourir au marathon des mots, elle me rappelle à l'ordre, elle me le fait payer.

Demain, abstinence.

Après-demain, endurance.

Si la patience te quitte, tu es mort.

J'ai la mienne chevillée au corps, je l'ai scotchée contre mon cœur il y a trois mois en sortant de la 106.

Je l'ai à l'œil.

Régulièrement, quand je sens qu'elle flanche, je change le scotch, je la remets d'aplomb pour qu'elle reparte pour un tour, sans elle je sais que je n'irai pas loin, je stagnerai comme une pauvresse dans un recoin.

Me voilà nue devant le miroir de ma chambre, un miroir ancien détaché d'une armoire, posé au sol. Il est piqué sur les côtés, il déforme un peu les silhouettes mais je l'aime bien, je ne parviens pas à m'en séparer, il a vécu et ça me plaît, il en a vu des corps et des robes, des couples enlacés, des galbes plus ou moins parfaits.

Aujourd'hui il me renvoie mes formes et mes plaies.

Sur ma cuisse le rectangle couleur pêche de vigne, au niveau de mon bas ventre la cicatrice de mes deux césariennes ; sur le bras ma morsure de requin, dans mon cou la longue balafre, au niveau de ma trachée le trou désormais refermé, souvenir de ce tube envahisseur que j'ai tant détesté.

Je suis lacérée de partout, de la cuisse jusqu'au cou.

Je me tiens debout, Xéna la guerrière des temps modernes, les pieds bien campés sur le tapis en coco rond, je m'en moque si c'est moche, je m'en moque si ça retient l'attention, ne baisse pas les yeux, relève la tête, regarde-les bien ces défauts qui n'en sont pas, ces stigmates qui vont rendre ton corps encore plus beau, encore plus fort.

A l'Abbaye de Boulaur Dieu donne des cours de marketing aux sœurs cisterciennes. Tôt le matin après les laudes, il les réunit dans le réfectoire et leur enseigne l'art de faire tourner une abbaye en vendant des produits naturels, de qualité, fruits de leur labeur, tout en recevant des hôtes, pieux ou moins pieux, jeunes et moins jeunes, ayant ou pas reçu l'appel, prêts à les aider sur des durées plus ou moins illimitées. Des sœurs 4.0 vivant en communauté, travailleuses, dévouées, ne rechignant pas à la tâche, ne se souciant guère de savoir si elles ont l'âge de la retraite, des bosseuses joyeuses.

En m'y rendant je savais que je croiserais la joie et que je mettrais ma langue au repos. J'aurais pu réserver un petit hôtel au bord de la mer. Je n'y ai même pas pensé. C'était la bienveillance que je cherchais.

Le premier jour sœur Hélène m'a suggéré de passer en cuisine. J'ai enfilé des sabots blancs, une blouse blanche et une charlotte comme à l'Oncopole, j'ai failli sortir un truc drôle à base de Bétadine mais je n'ai rien dit, elles n'auraient pas compris. J'ai rincé la salade dans des bassines géantes, j'ai épluché des oignons, j'ai préparé des galettes de Pâques avec une jeune espagnole qui ne parlait pas un mot de français et comme je ne parle pas espagnol, nous avons parlé anglais.

Hier j'ai nettoyé l'une des pièces de la fromagerie, à fond, très concentrée, pendant que d'autres décapaient la croûte des gros fromages avec une brosse dure et de l'eau salée.

Dans l'après-midi une sœur a guidé ceux qui le souhaitaient dans l'Abbaye. Personne n'y entre jamais, nous étions les privilégiés de Pâques. Nos pas nous ont menés dans la salle du chapitre, une pièce carrée sombre et froide. Au mur des citations de Saint Jean Climaque, en face de moi, pile en face, celle-ci : « Donnez un frein à votre appétit et vous en donnerez en même temps à votre langue que la bonne chère emporte inconsidérablement à parler plus qu'elle ne doit ».

J'ai souri en grand. C'est définitivement ici que je devais être, à Pâques dans le Gers dans une salle froide, devant une citation de Saint Jean Climaque.

Ce matin je travaille dans le potager, au loin on distingue la chaîne des Pyrénées, je débroussaille des pieds d'artichauts avec deux jeunes filles venues réviser leur concours au vert, dans le calme, je ne connais pas leur prénom, ce n'est pas grave. Elles restent trois semaines, elles potassent huit heures par jour et pour se changer les idées, elles vont aider là où il faut aider. Un peu plus bas un abbé et deux jeunes aspirants prêtres déplacent des cailloux sans rechigner. A mes côtés s'activent sans parler deux sœurs, elles portent un pantalon bleu de travail et une guimpe bleue, elles ont le teint hâlé et le geste sûr, elles travaillent vite. Un peu avant midi, elles lâchent tout, il est temps d'aller prier.

J'ai écrit, j'ai lu, j'ai marché, j'ai pris le soleil en protégeant mes plaies, je me suis faufilée dans l'église pour écouter les sœurs chanter, mes poils se sont dressés, j'ai pris mes repas en silence en raison du week-end de Pâques, ça ne m'a pas fait de mal, ma langue a apprécié, elle en a même rigolé.

En les quittant c'est le sourire de sœur Diane que j'emporte avec moi, posé sur mon épaule pendant que je conduis, un regard franc et enveloppant, intelligent et pétillant, sœur Diane accueille les gens tels qu'ils sont, sans jugement.

J'ai reçu l'appareil de torture dans sa trousse zippée bleu : le Terabyte, communément appelé l'écarteur de mâchoire ou le speculum de la bouche.

Lorsque j'ai croisé Jean-Claude à l'Oncopole, il m'a dit très solennellement avec son accent du sud très prononcé : vous aviez déjà une petite ouverture de bouche à trente-six, ce n'est pas beaucoup trente-six, après l'opération vous êtes descendue à vingt-six, autant vous dire que ce n'est pas assez, l'objectif est d'aller à trente, on est bien d'accord ?

Ça marche Jean-Claude, pas d'objection, la feuille de route est claire, je dois gagner en ouverture de bouche, tendre vers la grande bouche, avoir Julia Roberts en modèle, je crois que ça me va.

Les points d'étape sont essentiels. D'où je suis partie, où j'en suis, où je veux aller. Comme chez McKinsey.

Il y a quatre mois je parlais beaucoup, je mangeais de tout, je n'avais jamais réfléchi au processus de mastication, encore moins à la façon dont les aliments se déplacent en bouche et je partais au bloc les mains dans les poches, une charlotte sur la tête et la langue gangrenée.

Aujourd'hui je me brosse les dents avec une brosse à dents taille trois six ans, elle est jaune et verte, l'espoir et la gaieté réunis et j'utilise encore le dentifrice aux fruits rouges d'Amicie, celui avec une fraise qui sourit, le menthol est bien trop fort et m'emporte la bouche dans un voyage que je redoute.

Je dois positionner les aliments à plat sur ma fourchette, si jamais je forme un dôme, ça ne passe pas au niveau de ma bouche, mon ouverture est trop petite, alors je fais des maths toute la journée, appréhender les volumes fait désormais partie de mon quotidien.

Je mâche désormais à gauche, avant je ne mâchais qu'à droite, mon côté droit est mort, je ne m'y aventure plus, ma langue n'est pas assez tonique pour renvoyer les aliments à gauche.

J'ai tourné le dos au citron, c'est hachée que je préfère la viande et je galère sévère avec le boulgour et la semoule dont les grains se faufilent sous la greffe sans que je parvienne à les y déloger.

Mon goût est assez approximatif mais je sens le goût du gorgonzola, pour l'instant c'est l'essentiel.

Mes lèvres sont toujours sèches, je meurs si je n'ai pas l'un de mes dix sticks à lèvres à portée de main, j'ai viré psychopathe.

Parfois j'ai la goutte au nez comme les vieux, je ne fais rien de spécial, je vis ma vie et la goutte au nez arrive, je suis à deux doigts de broder mes initiales sur un mouchoir en tissu comme les vieux.

J'ai perdu deux tours de taille, ça je le supporte assez bien en revanche.

Je ne calcule plus ma morsure de requin et encore moins ma balafre dans le cou, elles sont là mais je ne les vois pas.

Seule ma langue ne marche pas encore droit, d'ailleurs, elle ne sera jamais bien droite. Elle fait souvent sa crise d'adolescence, comme ça pour faire chier, elle n'aime pas que je me disperse et moi j'aimerais me disperser un peu, parler sans compter pour voir ce que ça fait.

Elle aimerait certainement que je retourne à Boulaur dans le silence, ça l'a bien arrangée là-bas de ne pas avoir eu à trop parler, elle sait pourtant qu'elle doit encore bosser et se discipliner, la route est longue avant que le CHEU soit populaire, toujours acclamé unanimement par une foule moqueuse déchaînée.

Mai

On t'a retrouvé contre un arbre. J'ignore si tu avais les pattes dans les glaïeuls et deux trous rouges sur le côté droit. J'espère que tu souriais.

C'est le printemps à Bidart, nous sommes en short, l'air est doux, nous venons de rentrer dans la crêperie, il y a un peu de bruit alors je ressors pour écouter le message. La voix est posée.

Nous avons retrouvé votre chat Peaky contre un arbre.

J'ai demandé quel arbre. C'est con.

Nous avons commandé deux complètes et une chorizo fromage mais nous n'avons plus faim. Nous sanglotons sur nos chaises. Les yeux rougis, Amicie demande ce qu'on va faire maintenant. C'est le vide maintenant mon petit cul et ce sera le vide demain et ce n'est pas confort d'avancer en titubant au bord de la falaise.

J'ai la poitrine qui saigne et j'ai le cœur en miettes.

On vient de m'arracher un autre bout de langue.

Je pleure mon allié fidèle, mon chasseur de pigeons, mon compagnon de maladie, mon chauffage ambulant, ma ronronthérapie, mon chat-chien qui m'attendait tous les soirs devant le portail, celui qui, collé contre ma cuisse, m'a veillé de nombreuses nuits.

Je suis prête à revenir en arrière, je veux bien retrouver ma toux, mon ardoise et mes agrafes dans le cou, je suis prête à payer et à souffrir encore un peu, je suis prête à tout pour que vous me le laissiez encore un peu, ramenez-le-moi, ne me l'emportez pas, pas maintenant, j'ai besoin de lui, encore.

Je n'ai pas pu lui dire au revoir, je n'ai pas pu lui dire merci, je n'ai pas pu le serrer contre moi une dernière fois, enfouir mon visage dans les poils de son cou en lui disant tu m'as encore fait chier cette nuit mais je t'aime quand même.

Vous n'aviez pas le droit de me le prendre un jour de printemps, quand les iris sont en fleur et le lilas sent bon, vous vous acharnez, il est temps de me lâcher, j'ai donné, ce n'est pas bien d'enlever ce qui fait du bien.

Je viens de signer la convention de crémation en reniflant. Tu es dans la pièce d'à côté, dans le froid, mais je ne préfère pas te revoir abîmé. L'assistante vétérinaire qui t'a retrouvé par hasard sur son chemin au bord de la nationale m'a dit qu'elle t'avait trouvé beau, allongé dans les boutons d'or près de l'arbre. Tu vois, c'est au milieu des fleurs que je t'imaginais.

Quelqu'un a eu la délicatesse de ne pas te laisser dans le caniveau, il s'est dit oh voilà un joli petit prince, je vais le couvrir d'or et c'est ainsi que tu t'es retrouvé au bout de l'impasse qui mène à chez nous, étendu de tout ton long comme un lièvre qui s'étire, au milieu des boutons d'or, bercé par la nature et le sourire aux lèvres.

C'est désormais officiel, ce n'est ni une illusion ni une sensation : j'ai le côté droit sous la mâchoire gonflé et enduré en permanence.

Comme un poisson lune.

Ça se passe à huis clos, on ne voit rien à l'œil nu mais je sens bien qu'à l'intérieur c'est tendu comme un string.

Ça tire sous la mâchoire, ça tire jusqu'à l'oreille, c'est une bataille sourde et insidieuse qui se joue là-bas dessous tout autour du lambeau qui se love tel un éléphant de mer contre mes dents qui n'ont rien demandé et qui en ont assez de jouer le rôle de muraille de Chine.

Je pensais avoir touché le fond avec le Terabyte. Je me suis trompée. J'ai désormais un nouvel ami qui ne prend pas du tout de place dans une trousse de toilette : l'hydropulseur.

Il a la taille d'un canon à neige. Sa fonction : pulser de l'eau entre les dents pour éliminer tous les résidus vicieux planqués un peu partout dans la bouche, dans mon cas planqués sous ma nouvelle langue.

Si tu cherches où sont logés les grains de semoule tu pulses un coup et paf tu retrouves les grains de semoule dans le lavabo. Trop moderne l'hydropulseur. Vachement plus efficace qu'un cure dent ou qu'une brossette, il joue dans une autre cour, celle de ceux qui ont décidé d'éradiquer en un tour de main les résidus planqués.

Je m'imagine bientôt au bureau refusant les pauses café pour faire une pause hydropulseur en partant aux toilettes avec mon Tote Bag taille canon à neige sur l'épaule. Il faudra penser à y glisser un torchon parce que l'hydropulseur a tendance à éclabousser le voisinage, il en fout partout, sur le miroir, dans les yeux et sur tes fringues. Je préparerai un mot que je collerai sur la porte d'accès aux toilettes « Attention, séance d'hydropulseur en cours, prière de ne pas déranger ». Effrayés, mes collègues rebrousseront chemin à la hâte et me regarderont sortir du coin de l'œil, planqués sur leur chaise, casque sur les oreilles, tandis qu'au ralenti je traverserai l'open space les dents lustrées et la chemise humide, portant à bout de bras mon canon à neige dépassant de mon Tote Bag bleu avec écrit Liberté dessus.

Emmanuelle est de la même trempe que Queen Agnès, catégorie brillante mention empathie. On lit dans ses grands yeux ronds la bienveillance qu'on entend dans sa voix.

J'imagine les DRH de l'Oncopole de l'époque réunis autour d'une table déclarer très solennellement, avec conviction : ce lieu sera le temple de l'excellence, dénichons les meilleurs dans les contrées les plus reculées, l'échec n'est pas une option.

Et c'est ainsi qu'un jour Queen A et Emmanuelle V se sont retrouvées côte à côte en ORL, l'une adolescente – chirurgienne – et - chercheur – disséqueuse – de – souris – en -sixième – Professeur – à - quarante – deux – ans – bam – prends – toi – ça - dans - ta – face – de - rat, l'autre sereine dentiste en chef.

L'excellence à la Française nageant toute la journée au milieu des crabes.

Il en faut des couilles accrochées aux oreilles pour choisir cette vie, pour se dire « trop bien, je vais croiser des crabes toute ma vie, je vais annoncer des trucs pas cool toute la journée, je vais passer des heures au bloc à m'agiter sur des dents, des mâchoires, des langues et des larynx, j'assume, j'aime ça, c'est la vie que je choisis ».

Je suis maintenant en face d'Emmanuelle, la bouche ouverte, je tente de lui décrire et de lui mimer ce gonflement vicieux qu'on ne voit pas mais qui campe sous ma mâchoire du bas.

C'est mécanique, voilà ce qu'elle me dit. La greffe s'encastre contre les dents et en-dessous ça cause, ça tergiverse, ça s'énerve, ça monte sur ses grands chevaux et ça gonfle.

Emmanuelle annonce mais Emmanuelle réfléchit, en avez-vous parlé à Agnès, non je n'en ai pas encore parlé à Agnès, alors Emmanuelle appelle Agnès, nous sommes jeudi, elle est au bloc, même au bloc elle répond, femme pieuvre qui souhaite que je passe une nouvelle IRM pour vérifier ce qui se trame là-bas dessous.

Mon cœur est sec comme une noisette.

Il ne bat pour rien ni pour personne.

Il a été anesthésié un vingt-neuf décembre et irradié deux mois plus tard selon un protocole clair et précis.

Il sommeille.

Il attend certainement l'arrivée des beaux jours pour s'étirer, perclus de rhumatismes à force de ne plus s'activer.

Que c'est triste un cœur qui dort.

Juin

La palette du picotement s'apparente à la palette du sentiment amoureux, on passe d'un extrême à l'autre sans n'y rien comprendre, parfois on oublie, parfois ça trotte en nous sans qu'on puisse s'en défaire, parfois on tente d'y intégrer un semblant de raison mais la raison n'a pas sa place ici, ni dans le sentiment, ni dans le picotement, on aime ou on n'aime pas, ça pique ou ça ne pique pas, on fait avec l'acidité, l'âpreté et l'amertume, c'est comme ça.

Dans ma palette à moi se nichent le picotement poivré, le picotement citronné et le picotement bonbon soucoupe volante. Ils sont tous logés sur le bout de ma langue et sortent des sous-bois à des moments différents de la journée. Ils ne préviennent pas quand ils arrivent, ils arrivent, c'est comme ça. Le matin ou le soir, le soir ou le matin, avant ou après le café, après avoir peu ou beaucoup parlé, je ne sais jamais quand.

Elle est décidément bien complexe cette langue avec ses terminaisons nerveuses excitées, comment ça se passe là-dedans les filles, expliquez-moi un peu comment vous gérez le truc, vous vous dites tiens, là, juste pour la faire chier, on va lui envoyer le picotement bonbon soucoupe volante, celui qui fait pétarader la langue façon fête foraine et guinguette estivale, ça va la réveiller un peu, elle mollit.

Mon bout de langue pique, c'est comme ça. Acide, âpre ou amer. Comme sur le côté gauche de la palette du sentiment amoureux.

A quoi bon se poser la question, se demander pourquoi ou comment, c'est comme ça, il ne faut pas chercher à comprendre, le picotement de la langue et le sentiment amoureux jouent dans la même cour, la cour des grands tourmentés du dedans.

Laurence a la même chose que moi mais en pire, c'est une récidive. Nous travaillons dans la même société mais nous ne nous connaissons pas, nous avons été mises en relation grâce à nos langues. Les langues, ça rapproche. L'une à Paris, l'autre à Toulouse, Gustave Roussy et l'Oncopole, même combat.

Son opération a duré dix heures. Ils se sont attaqués à ses dents, à sa mâchoire, à sa joue, à sa langue, le crabe était planqué sous une molaire et commençait à ravager la gencive ; dix-sept ans plus tôt il s'était intéressé à la langue. Pour tenter d'éradiquer le crabe ils lui ont rajouté sept semaines de chimio en parallèle de la radiothérapie, le combo qui épuise.

Laurence a la bouche tapissée de mucites et d'inflammations, elle ne peut plus manger, elle n'avait pas le droit de maigrir, c'est le retour de la sonde nasogastrique, alimentation forcée par le nez pour reprendre du poids, retour à la case départ, bouche pâteuse, goût dégueu, fatigue, morphine, envie de vomir, envie de tout lâcher.

Laurence me dit que sa vie est foutue. Non Laurence, nos vies ne sont pas foutues, elles sont plus riches, c'est tout.

Songe à ce qui suit.

Nous nous retrouverons bientôt quai de Seine pour célébrer nos langues nouvelles, je convierai Claire aussi si tu le veux bien, tu ne la connais pas encore pourtant nous faisons partie de la même maison, elle c'est les yeux, nous c'est la langue, ce n'est pas si éloigné.

Nous nous installerons toutes les trois au Radio Eat, nous éviterons de commander le plat du jour à base de quinoa, ça nous fera glousser comme des pintades, nous referons le monde devant un risotto aux truffes, Claire nous en détaillera précisément le goût et nous la présentation.

Ce jour-là nous songerons à créer le club des estropiés de Radio France, nous accepterons les canards boiteux en tous genres, les langues, les yeux, les seins, les poumons, les pancréas, chacun aura sa carte d'identification façon club privé du seizième, le sésame pour accéder à nos soirées très privées organisées au vingt-deuxième étage de la Maison de la Radio. Ce sera joyeux et convivial, comme nous en somme.

Nos vies sont riches Laurence, je te le dis.

Queen A est en face de moi.

Factuelle, droit au but, bienveillante avec distance, il ne s'agirait pas de tutoyer les étoiles des patients. Elle a égaré son casque de spéléo alors elle passe de bureau en bureau pour tenter d'en dénicher un autre. Ses ongles de pied sont peints en bleu, ses ongles de main sont toujours courts.

La dernière IRM a décelé une anomalie, voilà ce qu'elle me dit.

Une anomalie grave ou une anomalie pas grave ? Un truc chiant ou pas chiant ?

Je n'ai pas de réponse. Je n'aurai pas de réponse.

Une anomalie, point à la ligne.

Agnès ausculte le lambeau sous toutes ses faces, dessus, dessous, sur les côtés, on dirait Petit Pierre retournant ses pancakes du dimanche matin, elle m'endort les narines avec le pschitt dégoûtant à la menthe avant de me passer la sonde dans le nez. Il n'y a rien d'anormal.

Je vais demander une lecture plus précise de l'IRM au radiologue, vous allez passer votre scanner dans huit jours comme prévu et si besoin, en fonction des résultats, je vous rendors et j'irai voir ce qu'il y a là-dessous.

Mais il y a six mois vous avez déjà regardé ce qu'il y avait là-dessous, souvenez-vous, vous y avez passé de longues heures, je ne saisis pas... bien Chef je m'arrête-là, je vous suis comme au premier jour, je ne pose pas plus de questions, vous avez ma confiance.

Je vais repartir calmement sans savoir ce qui se cache derrière ce mot anomalie, il n'y a pas de raison de s'inquiéter, il est bien trop joli ce mot anomalie avec ses voyelles pleines de soleil qui dansent dans le mot au son des notes du bal de Bamako.

Queen A baisse son masque pour dicter son compte rendu, métronome concentré, voix douce et monocorde du chirurgien qui croise dix mille patients dans la journée.

C'est la première fois que je vois de près son visage en entier.

Il y a désormais douze mots en face de l'anomalie.

Ils sont arrivés ce matin dans ma boîte aux lettres planqués en petit sur une ordonnance pour une nouvelle IRM de surveillance.

Je dois encore passer un scanner, je ne savais pas que je devais passer une nouvelle IRM, je l'apprends par le courrier. Encore une IRM, ça ne s'arrête donc jamais.

Prise de contraste intense du versant supérieur et latéral du lambeau lingual.

Pas plus, pas moins. Pas cool.

Je relis la phrase dix fois.

Je reste sur ce néant rempli de points rouges qui clignotent sur l'écran du radiologue, un warning puissant qui résonne dans une salle aux murs blancs.

Je fais écouter à Charlotte ma voix déclamant Victor Hugo.

D'abord ma voix d'avant, veille de mon opération, diction fluide et parfaite, sans hésitation, sans écorchures, ma diction d'avant, celle que je ne retrouverai plus.

Le deuxième enregistrement date du dix-huit janvier, vingt jours après mon opération. J'étais chez moi, le cathéter planté dans le bras droit, infirmière matin, midi et soir.

J'ai un frisson en m'écoutant. C'est épais et imprécis, c'est rond et empoté, ça écorche tous les mots, Elephant Man est en train de parler, j'ai la gorge serrée.

Je me contiens devant vous en serrant les genoux, je ne veux pas que vous me voyiez flancher Charlotte, écoutons une nouvelle fois si vous le voulez bien, écoutez-moi avant, écoutez-moi maintenant, regardez où nous en sommes arrivées toutes les deux, deux séances par semaine depuis des semaines et des semaines, je vais reparler comme avant Charlotte, je le sais, je le comprends à cet instant où nos yeux se croisent, la gorge et les genoux serrés.

Toulouse soulève le bouclier de Brennus. Le petit Ntamack a lâché les chiens dans une course d'anthologie de soixante mètres, plein gaz, sans douter qu'il aplatirait au bout. Tout ça dans la dernière minute de jeu.

L'instant d'avant il était au fond du trou, laminé par une touche toute pourrie. La course finale au mental, aux tripes qui guident, à la volonté de ne pas finir sur une note poivrée.

Moi je n'ai pas encore entamé ma course d'anthologie, pourtant j'ai envie de partir tout devant à fond la caisse et oublier l'instant d'avant tout pourri.

Je suis encore freinée par une mêlée d'arrières qui m'empêchent de progresser. Ils sont grands et costauds, ils s'agrippent à mes cuisses et ne me lâchent pas, ils me maintiennent plaquée au sol mais comme je suis petite et plus affûtée qu'avant, je suis en train de sortir de leur emprise, ils ne le savent pas encore mais je vais bientôt percer le mur et mettre tout le monde d'accord, le crabe, la Queen et moi.

Il faut que tu te reposes.

Ils me font bien marrer les bien-pensants qui assènent les bons conseils et me tiennent la jambe au téléphone en plein après-midi, au moment où potentiellement j'aurais pu me lancer dans une petite sieste que je n'ai jamais réussi à faire en six mois de temps ; les bien-pensants qui auraient certainement abandonné leurs enfants et embauché une gouvernante avant d'aller se ressourcer au vert pour lire, siroter des thés glacés et disserter avec eux-mêmes sur le sens de la maladie.

Bande de blaireaux, la vie ne s'arrête pas quand le crabe est là, assis en tailleur sur l'épaule. La vie de maman continue comme avant.

Bande de blaireaux, avez-vous une idée, même vague, de ce qu'une maman gère dans une journée? Pas pour se la péter, pas pour recevoir des lauriers, pas pour brandir le fanion de féministe, juste factuellement en se basant sur des faits avérés, sur une liste de ces toutes petites choses et de ces grandes choses qu'elle avale dans une journée, de cette énergie mentale de malade que ça lui demande tous les jours d'anticiper, de planifier, de tout faire rentrer au chausse-pied, sa vie, celle de ses gosses, celle de ses parents, celle de ses deux-cent cinquante adhérents, son planning, celui de sa kiné, celui de son orthophoniste et tout ça en juin, le pire des mois, le mois où l'on devrait quitter ses plates-bandes pour s'évader loin de chez soi, pour souffler, pour lézarder, pour recharger le moteur avant le tumulte de l'été.

La vie de maman continue comme avant et c'est même pire qu'avant parce qu'on ne peut plus s'échapper au bureau, refaire le monde devant la machine à café et oublier, un tout petit instant, les contrariétés de sa vie.

Je tire la langue.

Queen Mum is tired.

Je veux retourner au bureau pour avoir la paix, pour laisser mes soucis devant la porte vitrée devant laquelle on passe et on repasse, je veux m'échapper au bureau pour ne gérer que moi et mon boulot, j'ai une excuse, je suis au bureau, quand je suis au bureau, je bosse et rien d'autre n'importe, j'ai une excuse pour ne pas répondre, pour ne pas répéter dix fois dans la journée que j'ai trop de salive, que ma langue pique, que non je ne sais pas d'où vient ce gonflement, je ne répondrai pas quand je serai au bureau parce que quand je suis avec un client, je ne peux pas répondre, les clients sont rois et les rois, on ne les contrarie pas, les clients vont me sauver, je veux les retrouver, je veux fuguer au bureau, point à la ligne et saut de page.

L'enveloppe est sur mes genoux.

En bas à gauche dans l'angle est collée une petite étiquette avec mon nom et mon prénom et la date du jour. Vingt-deux juin. Un CD est glissé dans le compte rendu plié en deux dont le titre est : Scanner cervico-facial et thoracique.

Huit mois après le premier scanner je tiens une nouvelle enveloppe sur mes genoux, à l'intérieur dorment les résultats du scanner de contrôle, ceux qu'Agnès attend tapie dans l'ombre, ceux qui vont peut-être nous en dire plus sur l'anomalie.

Dehors la pluie d'octobre a fait place à celle de juin.

Je lis les résultats dans le brouhaha de la salle d'attente, sans hésitation cette fois, j'ai dit que je faisais confiance, je m'y tiens.

Pas de masse ni prise de contraste suspecte décelée.
Pas d'adénopathie latéro-cervicale gauche ou rétropharyngée.
Pas de nodule pulmonaire suspect.
Pas d'adénopathie médiastinale ou axillaire.
Pas d'épanchement pleural ou péricardique.
Contrôle satisfaisant sans lésion suspecte décelée.

Ce sont des pas de danse qui m'accompagnent vers la sortie, des pas de danse qui célèbrent les « pas de », pas de deux, pas de côté, pas chassés, saut groupé, je danse dans l'ascenseur qui me conduit au rez-de-chaussée.

Queen A,

Mon cœur vous remercie de ne pas lui avoir donné le compte rendu de l'IRM quand nous nous sommes vues il y a dix jours, de ne pas vous être attardée sur les dix lignes détaillant l'anomalie, sur ces dix lignes que je découvre en face de Céline qui vient de m'imprimer le compte rendu, s'étonnant que je ne l'aie pas eu avant.

Mon coeur vous remercie de lui avoir adressé une réponse vague et sans consistance quand je vous ai demandé ce qu'il se cachait derrière l'anomalie, attirant le courroux de Geneviève quand je suis rentrée, tu aurais dû repartir avec tes résultats, on ne repart jamais sans ses résultats.

Mon cœur vous remercie de lui avoir épargné des nuits sans sommeil, des nuits à relire ces dix lignes sans maîtriser toute la signification, suffisamment cependant pour comprendre que l'anomalie décelée n'était pas anodine, balayée aujourd'hui par les résultats du scanner, confirmée je l'espère dans les prochains jours par la dernière et ultime IRM.

J'ignore si vous ne vous êtes pas étendue sur le sujet pour ne pas m'alarmer ou plus simplement parce que la raison n'était pas si claire à vos yeux, je l'ignore et peu importe, l'ignorance a du bon, la mise à l'écart du cœur de toute frayeur.

Elle n'aime ni le trop chaud, ni le trop froid, ni le trop sucré, ni le trop salé, elle hait le vinaigre et le tanin du vin rouge, accepte du bout des lèvres le champagne, elle déteste l'ananas, elle aimerait que je ne me nourrisse que de concombre, de banane et de fromage blanc et encore, l'acidité des laitages la fait parfois bondir.

Elle fait même sa diva quand je bois de l'eau, ce n'est jamais neutre de boire de l'eau, ça a le goût d'acier ou de papier d'alu comme quand tu oublies malencontreusement un bout d'alu en croquant à pleines dents dans ton sandwich, voilà ce goût-là, cette sensation-là, ce coup d'éclair qui t'emporte la gueule alors que tu n'as rien demandé.

Elle fait sa Callas juste pour faire chier.

Ma langue me dépasse, je ne la comprends pas, pourtant je lui parle et continue les rapprochements permanents, c'est tout de même difficile de cohabiter avec une langue singulière, j'ai le sentiment d'avoir une troisième ado à la maison, une ado qui réagit au quart de tour et qui ne se tient pas droite sauf qu'elle ne dit jamais attends, t'inquiète ou je gère, ce n'est pas si mal au final une langue étrangère.

Juillet

Tandis que les réseaux assaisonnent la salade à toutes les sauces, je tente de sceller un pacte avec la salade verte, ennemie jurée de ce début d'été.

Ce n'est pas aisé, la salade verte est aussi vicieuse que le Kiri, sans relief quoiqu'élégante. Pas de prise, pas de dénivelé, une épaisseur proche du néant. Si un bout de tomate ou un grain de maïs l'accompagnent, je suis sauvée. Si elle se présente seule, j'enclenche le plan Orsec Origami.

Discrètement, avec l'agilité d'un singe, aidée de ma fourchette complice, je plie mon bout de salade façon origami, superposant plusieurs couches sans couper la salade ô malheur, ni vu ni connu tout en continuant ma discussion l'air de rien, jusqu'à atteindre une épaisseur suffisamment convenable pour permettre à ma langue de trouver un peu de matière en bouche pour mettre en route un processus de mastication digne de ce nom.

Le tout en souriant et en vérifiant subtilement qu'un morceau de salade ne soit pas resté coincé dans les dents de devant, après autant d'efforts, ce serait emmerdant.

Toute fine, Sœur Sabine se faufile dans la cuisine avec la discrétion d'un papillon, c'est la fée clochette, elle ne marche pas, elle vole sans qu'on la voie, elle s'approche de moi alors que je suis en train de récurer les gros plats en inox du poisson de midi.

Elle chuchote.

-Sœur Gabrielle m'a dit que vous étiez prête à aider, nous cherchons quelqu'un pour l'accueil des pèlerins en fin de journée, quelqu'un qui ne soit pas timide et qui parle bien.

Arrêt sur image.

Moi les mains couvertes de mousse dans les plats de poisson et la fée Clochette penchée au-dessus de mon épaule à la recherche de quelqu'un qui parle bien.

Je continue à récurer en souriant et en gonflant le poitrail de fierté et de reconnaissance pour cette mission que vous me confiez car en vérité je vous le dis Sœur Sabine, jamais vous n'auriez attribué l'accueil des pèlerins à une handicapée de la langue écorchant le moindre mot.

L'accueil des pèlerins, c'est mon graal à moi, ma victoire sur le fil, mon maillot jaune qui signe mon retour progressif à la normalité, à une élocution presque parfaite, le calme après la tempête ici à Notre Dame des Neiges, à mille cent mètres d'altitude en Ardèche, au milieu des pins, des vaches et des champs de blé, entourée de la fée Clochette et des clones de Jeannie Longo, des sœurs roulant en vélo électrique pour amortir la difficulté des pentes, voile au vent et sourire aux lèvres.

C'est l'ultime IRM, la der des der, celle qu'Agnès a décidé de me faire passer après avoir échangé avec Emmanuelle, celle qu'on a casée en plein milieu de l'été pour vérifier, pour affiner, pour contredire les résultats alarmants de la précédente IRM qui suspectaient une récidive, pour balayer l'anomalie, pour aller dans le sens des résultats du scanner qui eux en revanche étaient bons.

IRM, scanner, IRM, scanner, la vie est suspendue à ces deux mots qui s'affrontent dans une partie de ping-pong.

J'y vais le couteau entre les dents, je retire mes bagues, mes boucles qui brillent, mes bracelets qui font gling gling, je me mets à nu une nouvelle fois, débarrassée de mes parures, j'embrasse avec vigueur le casque qu'on me met sur les oreilles, je n'entends pas le bruit de marteau piqueur de la machine parce que j'ai une capacité formidable à être ailleurs quand il y a trop de bruit, je m'assoupis comme une vieille de 1974 qui profite de chaque opportunité pour débrancher, comme les marins au long cours, je réponds au top! au manipulateur qui me demande comment ça s'est passé, je remets avec hâte mes parures et je suis là une nouvelle fois à attendre des résultats.

La secrétaire m'appelle et me tend l'enveloppe.

Je l'ouvre avec délicatesse, je ne doute pas du résultat parce qu'on est en juillet, que je suis bronzée et que je sens la figue, parce que je chante et danse encore sur les accords du concert d'hier soir de Juliette A., parce qu'en juillet c'est la trêve des mauvaises nouvelles, parce que dans ma tête je me suis persuadée que tout irait bien donc je ne doute pas, tout ira bien.

Je lis les lignes d'un coup d'un seul, je les avale sans sourciller, je referme l'enveloppe tout en me levant, je la range au bon endroit dans mon classeur bleu avec pache de garde écrit au feutre sur la première page et je tourne les talons sans regarder en arrière.

L'anomalie n'existe plus, elle est venue, elle a fait illusion, elle s'est baladée au-dessus de ma vie, elle a fait peur, elle est repartie, elle a perdu.

Karine a raison, même le plus noir nuage a toujours sa frange d'or.

Tu me regardes planqué derrière un barreau de la chaise avec tes petites oreilles de lynx dressées bien droites.

Tu me scrutes avec tes yeux couleur de feu, tu te meus sans bruit à distance quand je me déplace, aux aguets tel un petit fauve intrigué, alors je m'allonge sur le sol, mais que fait-elle la fille aux cheveux courts qui me parle comme si j'étais neuneu, tu tentes une approche, je ferme les yeux, je sens tes moustaches caresser ma cheville, je ne bouge pas, je te retrouve sur mon ventre, tu rampes jusqu'à mon visage, j'ouvre les yeux.

Ce regard profond plein d'amour que tu me lances tout en essayant d'attraper mon nez avec tes deux pattes soyeuses, comme deux bras que tu me tends.

Je t'aime déjà petit Berlioz, toi et moi allons bien nous entendre, j'ai hésité avant de te rencontrer, je pensais que te faire rentrer dans nos vies allait effacer Peaky et puis voilà, tu es là, c'est trop triste une vie sans chat.

C'est avec une immense brassée de fleurs que je voulais arriver, des pivoines ou des lys, une brassée tellement grande qu'elle ne serait pas passée par la porte d'entrée, mais j'ai pensé que ça allait l'encombrer toute la journée, qu'elle ne trouverait pas de vase assez grand dans son bureau bocal pour les y déposer, qu'elle serait terriblement gênée de rentrer chez elle le soir en rasant les murs avec un bouquet bien plus grand qu'elle à porter.

Alors j'ai renoncé sans regrets, je me suis contentée d'un petit paquet discret qui lui ressemble, d'un tout petit paquet avec des petits riens à l'intérieur, avec des lamas sur une petite carte miniature sur laquelle j'ai tenté d'y condenser les plus grands mots du monde.

Loin des stades et des projecteurs, sans fard et sans bruit, Queen A a fait de moi une femme bionique, corps et cœur solides emmitouflés dans mon armure désormais bien ajustée.

Hannibal, Frankenstein, Elephant Man, baissez le regard les gars, j'arrive moi la Wonder Woman dotée d'une langue étrangère qui fonctionne grâce à un bout de mon avant-bras lui-même rebouché par un bout de ma cuisse.

Je suis toujours petite, plus petite que vous mais je me sens immense à l'intérieur.

Août

Les cigales impériales crachent leur chant. La chaleur est étouffante. Je les écoute s'invectiver sous la tonnelle, leur verre de rosé bien frais à la main. Les mots fusent sauf les miens.

Ma langue subit.

La chaleur l'accable.

Le vinaigre balsamique l'endort.

L'âpreté de la pêche l'enserre.

L'eau fraîche la saisit à chaque gorgée.

Court-circuit à tous les étages.

Elle jette les armes, triste mandarine sur le déclin.

Mes mots ne fusent pas, ils s'entrechoquent, ils jouent au flipper dans ma tête, ils aimeraient emprunter la sortie mais ils se heurtent à elle, à ma carpe fragile prise dans la glace, à ma carpe qui fait barrage, à ma carpe handicapée qui préfère rester tapie là-haut, collée au palais, à regarder passer les mots de ceux d'en face, ceux qui ne galèrent pas, ceux qui marchent tout droit sur un terrain plat, ceux qui n'ont pas trois montagnes à gravir pour accompagner leurs mots vers la sortie.

Je couvre mes mots qui ne sortent pas en m'activant, j'ai oublié le sel, je me lève, j'ai oublié le plateau de fruits, je me lève, il n'y a plus d'eau, je me lève, j'esquive les joutes verbales telle une épéiste habile, j'avance, je recule, je brandis ma morsure de requin en levant haut le poing, plaie libre guidant le peuple et mon ombre leur hurle à tous, le regard noir et les traits fatigués : si vous saviez combien cela me coûte parfois de parler.

T'as killé le game comme Vingegaard et t'es prête pour le prochain tour !

Ce sont les derniers mots que j'ai reçus de toi le mois dernier quand je t'ai annoncé que le crabe était parti, que je l'avais raccompagné vers la sortie en lui faisant un sandwich pour la route parce que malgré tout, il me reste du cœur.

Tu étais loin et si présent, t'inquiétant de ma langue bien pendue, distillant ces derniers mois tes messages truculents avec beaucoup de bienveillance comme des amis d'enfance qui ne se voient plus mais s'aiment sans se poser de questions, tu es où, tu fais quoi, on se voit quand, ce n'était pas le sujet.

Nous étions pleins de douleur quand nos routes se sont croisées il y a des années, nous nous sommes reconnus, c'est comme ça, ça ne s'explique pas, nous avons tenté d'unir nos peines pour sortir la tête de l'eau, on parlait de mots et de livres, d'info et de radio, de musique, de colère, d'églises et de bord de mer, d'oiseaux qui s'envolent dès que quelqu'un s'en va, de chats qui miaulent la nuit et à qui on dit toujours oui, de la vie cette raclure qui un jour t'a pris un fils, de ton cœur qu'il fallait ménager pour que tu puisses continuer à avancer.

Fais gaffe à ton cœur, ce sont les derniers mots que je t'ai envoyés en réponse aux tiens le mois dernier, tu vois j'en ris et je sais que tu souris.

Tu es parti hier en courant, en faisant ton footing comme des milliers de mecs font leur footing un dimanche matin, ton cœur s'est arrêté et le mien est brisé.

Tu as raison Pierre, la vie est une raclure à prendre trop tôt les gens qu'on aime, je suis à l'arrêt depuis hier, à nouveau anesthésiée mais je vais me relever parce que je t'entends déjà me dire Micheline, arrête de chouiner, serre les dents, tu sais bien qu'il faut en chier pour pouvoir avancer.

Je ne ressemble plus à Frankenstein, ma veine d'Hulk s'est fondue dans les plis de mon cou, on ne la devine plus, Marie l'a fait disparaître dans la masse grâce à ses doigts de fée tout en m'écoutant jacasser. Seule la petite cicatrice ronde de la trachéo me raconte des histoires quand je la regarde le soir dans un miroir.

Ma morsure de requin a changé de couleur, elle s'est détournée de la teinte aubergine foncé, elle a désormais la couleur du reste de ma peau, elle a toujours un petit dénivelé cabossé improbable et une surface de jeune poulet épilé mais elle sait se faire discrète, elle fait partie du paysage, seul parfois le regard des autres me rappelle qu'un jour un requin énervé a croqué dans la pomme.

Sur ma cuisse un rectangle rose clair m'accompagne quand je marche, il fait des petites vagues légères et régulières quand je me baisse, bientôt il disparaîtra.

Dans cette famille où l'on ne fait que parler, la vie a décidé de continuer à me faire parler. Bien même. Presque comme avant. Pas de saccades, pas d'hésitations, ma langue se délie facilement, le CHEU côtoie le peuple et les KEU et les GUEU ne me mettent plus en difficulté sauf en fin de journée quand j'ai trop parlé.

Mes papilles ne suivent pas encore le rythme, je les appelle les belles endormies. Elles me font des misères, elles empêchent la finesse de mon goût de renaître, j'aimerais bien qu'elles se réveillent et qu'elles réagissent un peu quand je trempe mes lèvres dans du lait qui a tourné.

Je vis toujours de sensations bizarres et de ressentis changeants en bouche du matin jusqu'au soir, le bout de ma langue pique à longueur de journée, un peu beaucoup passionnément, pic et pic et colégram, les nerfs chahutent sous le préau, c'est leur façon à eux de me parler, de me dire hey on ne va pas te lâcher, c'est comme ça, je m'y fais.

Septembre

C'est le temps des nouveaux départs, la fin des illusions, l'odeur des gommes à la fraise et des rangées de papier millimétré, le temps de la rêverie qui s'en va, emporté par l'été innocent et léger.

Le comme avant n'est plus, le comme avant est mort, le comme avant ne sera plus, il faut faire le deuil du comme avant, il faut l'oublier, lui tourner le dos, le regarder s'éloigner sans tiquer.

Il faut embrasser le désormais, alléger les contours épais, retirer le superflu qui enserre et bouffe nos journées, s'éloigner des rageux à lunettes, repousser les mauvaises langues qui feraient bien de se taire, changer ce qu'on peut changer, éviter que la vie continue à happer.

Ce n'est pas toujours aisé de composer avec son désormais, il tient à chacun de le distraire, de l'égayer, de le faire tournoyer sans s'arrêter.

La clef est dans la joie, depuis le début je le sais.

J'ai rapporté de la lavande pour parfumer mon bureau, celle que ma sœur cueille dans notre jardin des Cévennes et que je mets en sachet dans la foulée dans des chutes de tissus dénichées chez Emmaüs.

Sur la grande étagère noire j'ai déposé une plante qui grandissait chez moi depuis six mois, elle dégueule hors du pot, elle sera bien là en hauteur devant le canapé qui accueille les moments de thé.

Vincent a touché ma morsure de requin ce matin, il m'a dit qu'elle avait la même texture que la peau de sa grand-mère, douce et lisse, Vincent a le bureau qui jouxte le mien, je l'ai autorisé à revenir la toucher, je l'aiderai ainsi à ne pas oublier sa grand-mère.

Dans mon pot à crayons j'ai rajouté un stick à lèvres, dans le tiroir de mon caisson des dosettes de café et un dentifrice sans menthol, sur la table basse devant le canapé des guimauves, des petits chocolats pour le café et la pâte de coing de mon père un peu trop sucrée.

Tout est prêt.

J'ai déposé sur un coin de mon bureau le tas de cartes postales que mes collègues toulousains des bureaux d'à côté m'ont envoyées pendant que je nageais en eaux troubles, je les ai à portée de main, tout près de moi, pour ne pas oublier à quel point ici je côtoie des gens bien.

J'ai appelé le 58000 pour reconnecter toutes mes applis et redémarrer mon Lenovo, je n'ai pas voulu mettre le mot langue dans mon nouveau mot de passe, j'ai préféré tabler sur Berlioz, j'ai rajouté derrière son année de naissance et un point d'exclamation, c'est ma tactique habituelle pour les mots de passe, pour ne pas oublier les années de naissance des monstres de ce monde.

Octobre

J'ai eu peur que tu meures.

Il y a des chats, des chevaux et des teckels, des courges énormes qui pullulent dans le potager, ça sent le foin et le crottin, tu es montée ce matin sous la pluie, tu n'as pas senti la pluie, tu as laissé en rentrant tes bottes fourrées sur le grand paillasson à côté des autres paires de bottes fourrées des filles de la famille, tu ris fort quand Adèle raconte, nous rions toutes d'ailleurs, Adèle est drôle avec sa gouaille de titi aveyronnais, Zélie la bade et Léopoldine l'enveloppe de son joli regard noisette, le thé est fumant et le chocolat se partage, le chat passe en courant poursuivi par le chien, il fait moche dehors mais on s'en fiche, nous jacassons en grosses chaussettes autour de la table haute de la cuisine, c'est là qu'il faut être, c'est là qu'on évoque les sujets qui froissent, les amours qui s'étiolent et les crabes qui perdent, c'est ce jour-là que tu choisis pour formuler ces quelques mots en riant l'air de rien tout en croquant dans un carré de chocolat, les traits apaisés, le regard franc : j'ai eu peur que tu meures.

Tes mots sortent depuis que tu sais que je m'en sors.

J'attendais de m'en sortir pour que tes mots puissent enfin sortir ma fille.

Laurence a repris le boulot quelques semaines après moi. Elle ne dit plus que sa vie est foutue, elle est en forme ; tout comme moi elle jongle avec son désormais.

Elle parle très bien je trouve, elle trouve que je parle très bien aussi, nous nous auto-congratulons. Nous nous envoyons des photos de nos bobos comme d'autres s'envoient des photos de leurs voyages, pour nous prouver que nous sommes comme les autres, nous aussi nous avons voyagé cette année.

Nous allons nous retrouver le mois prochain, nous comparerons nos plaies et nos désormais, je suis heureuse de la rencontrer.

Calez-vous confortablement dans votre siège Agnès et imaginez un peu la scène.

Il est douze heures cinquante-huit, il y a encore quinze patients en salle d'attente numéro trois qui s'impatientent de votre venue et à treize heures pétantes vous lâchez tout, votre casque de spéléo, votre dictaphone et votre blouse blanche, vous passez devant eux en sortant et vous leur dites tout sourire : désolée les intubés, je m'en vais, je suis en mi-temps thérapeutique, je ne travaille que les matins, je vous dis à demain.

Voilà, imaginez un peu cette situation.

Cette situation tout à fait insupportable résume bien ma reprise.

Alors nous sommes bien d'accord que vous, vous sauvez des vies et que moi je ne fais que servir mes clients, le curseur n'est pas positionné au même endroit sur l'échelle des métiers remarquables, mais quand même, osons l'avouer, le temps partiel thérapeutique n'est pas fait pour ceux qui aiment bosser, ce n'est pas fait pour ceux qui aiment partir le soir en ayant bouclé leur journée, c'est anxiogène, ce n'est pas confortable, je ne suis pas formatée pour ça, je ne sais pas faire et pourtant j'en ai besoin.

Le drame s'inscrit dans ces trois mots : j'en ai besoin.

J'en ai besoin parce que parler me demande beaucoup plus d'efforts qu'auparavant. Parce que je dois désormais me concentrer constamment sur mon articulation pour parler distinctement. Ça me fatigue physiquement, ça me fatigue aussi mentalement quand voyant arriver un mot difficile, mon cerveau essaie de chercher en une demi-seconde un synonyme plus simple à prononcer pour ne pas avoir à affronter le mot initial.

Mon cerveau jongle pour éviter de me mettre en difficulté, j'admire sa combativité ; le soir on tombe tous les deux tels deux soldats épuisés.

J'aimerais appeler le comme avant en PCV et reprendre un instant comme avant, quand ça ne me fatiguait pas de parler, quand je parlais à longueur de journée sans réfléchir, sans saliver, sans calculer le moment où je devais prendre mon café parce que désormais le café me fait patiner.

Agnès sourit. Elle aussi sait que mon comme avant n'est plus mais qu'il faut continuer à rire, il faut rire de tout et tout le temps sinon on évolue constamment dans le gris et le gris c'est triste.

Il y a près d'un an je sortais de son bureau sans voix avec en mains le prospectus sur la reconstruction par lambeau libre, je repars cette fois avec le prospectus sur la thérapie sportive, Agnès répand sa bienveillance et s'immisce dans les interstices.

Il est orange, comme la carte de l'Oncopole, on y voit dessus des gens en legging qui sourient, il est écrit à l'intérieur que le programme est fait pour ceux qui veulent améliorer leur qualité de vie et leur bien-être, alors on y va c'est parti.

Aujourd'hui Candice a quinze ans.

Nous l'avons fêté en avance hier soir pour que son père puisse être là avant de rentrer à Paris. Geneviève avait fait son gâteau aux noix de Noël, Amicie a voulu des roulés à la saucisse à l'apéro, mon père a terminé sa coupe de champagne, moi aussi d'ailleurs, ma langue a apprécié sans râler. Nous n'avons pas fait la même photo que l'année passée, l'année passée sur la photo j'avais les traits tirés.

Le soleil entre à pleins poumons dans le salon. C'est encore l'été, le thermomètre s'affole. La première mésange arrive, elle m'a observée lorsque je remplissais la mangeoire que j'ai suspendue sur la branche la plus visible du salon. Elle est en transe, je la regarde sans bouger, bientôt ses copines vont la suivre, elles sont gloutonnes, elles me ruinent en graines de tournesol.

Berlioz écoute Liszt en remuant la queue en rythme. Il observe depuis le perron le va-et-vient des mésanges.

Les poules de Christian rappliquent en trottinant vers le grillage, elles aussi m'ont vue trafiquer dans l'arbre, elles savent que je craque dès que je les vois, voilà des croûtons les filles, régalez-vous.

Je vérifie la cuisson des haricots plats, dès qu'ils seront al dente, je les passerai sous l'eau froide puis j'irai courir avec mes plaies et leurs souvenirs, elles ont besoin de s'aérer.

Ce matin, bien avant que le soleil n'entre à plein poumons dans mon salon, avant que j'entame la confiture à la myrtille de Cécile et que je décide de passer un peu de temps avec Liszt, j'ai ouvert les yeux tout doucement, j'ai fait craquer les os de mes pieds comme j'aime bien faire le matin, de tout mon long je me suis étirée en me disant que je lancerais bien une lessive de blanc.

***

Merci…

A mes filles Candice et Amicie,
à mes parents,
à ma sœur,
et à ma grande famille joyeuse,
meilleure base arrière de défense !

*

A mes amis,
toulousains, parisiens et d'ailleurs,
l'aventure aurait été moins folle sans vous
à mes côtés.

*

A tous les soignants dont j'ai croisé la route,
en particulier ceux de l'Oncopole à Toulouse,
engagés, prévenants, efficaces,
merci de vous être si bien occupés de moi.

*

Et à vous…
Professeur Agnès Dupret-Bories,
Queen Agnès,
Queen A,
Agnès,
mes mots ne seront jamais assez grands
pour vous témoigner mon admiration
et ma profonde gratitude.

+++++

*Il existe une association qui s'appelle CORASSO
qui se démène pour informer et soutenir les patients
atteints de cancers de la tête et du cou, autrement appelés
cancers ORL.*

*Les langues côtoient les amygdales, les palais, les larynx,
les gencives, les faces internes des joues, les cordes vocales,
les planchers de la bouche et cetera, et tout ce petit monde
avance groupé pour tenter d'écharper le crabe qui, un jour,
s'est arrêté à nos côtés.*

corasso.org